U0057736

五種身體

約翰·歐尼爾　著

張家銘　主編

王乾任　校訂

張旭春　譯

弘智文化事業有限公司

目錄

裝了義肢的上帝

在研究文明化進程中人類身體所付出的代價這一方面，弗洛伊德的努力無人能出其右。然而，在反思文明及其不滿的過程中，弗洛伊德卻無法構思出一種能為我們開拓新的文明疆域並且創造新威力的新型生理修復術（bioprosthetics），以便為我們開拓新的文明疆域並創造新的偉大力量。人類已經主動臣伏在科學技術的威力之下，從我們兒童時代起，後者就將我們籠罩在其不容置疑的（儘管是不太舒服的）神聖性之中。正如弗洛伊德所說：「人類似乎已經變成了某種配戴著義肢的上帝（Prosthetic God）。戴上所有輔助器官之後，他的確

顯得儀態威嚴，但這種器官並未眞的長在他的身體上，所以仍不時讓他煩惱不已」①。在接下來的章節中，我力圖和弗洛伊德關於初民及其上帝之幼稚性思想保持著距離，因而，我不太傾向於以我們對於現代科技的迷戀之錯來揶揄他們。更確切地說，我關心的是重新思考保存在初民社會詩學（sociopoetics）裡的公民遺產，他們（初民）的神和家族系譜並未湮滅在我們非人性的歷史中，而是仍然存活在人類大部分的日常領域之中。如果我們對人類的變形能力懷有某種恐懼的話，那麼，這種恐懼則來自我們現在所擁有的那種可怕的潛力，它能夠將地球上所有生物形式連同人類自己一齊毀滅。文明的不滿所眞正隱含的不可思議的面向是：我們極有可能是第一個思考自己末日的人類社會。面對著這樣一種前景，我們便不得不重新思考人的身體，重新建構其家庭、政治經濟以及其生理技術。對這項工作我們不能無動於衷，「格林漢姆共濟會」（Greenham Common）的婦女們已經表明了這個觀點；世界各地的青年男女們也向他們的父輩發出了類似的呼籲：希望他們在末日來臨之前認識到問題的嚴重性。如果父輩們不從他們狂熱的幻想中醒悟過來，那麼在我們身後甚至將不可能留下任何顯著的記憶，更不要說我們文明的子孫或任何諸神了。

約翰·歐尼爾　於多倫多

主編的話

張家銘

　　社會學自從十九世紀由西歐傳入中國之後，已有百餘年的歷史，其思潮幾經轉折，業已大致形成一個完備的學術體系。社會學經世濟民與悲天憫人的特性是很強烈的，特別是馬克思主義一派以降，企圖全然翻轉社會體制，而其他的社會學支派中也不惶多讓，改革社會的想法也都很濃烈。然而社會學卻在學術氛圍之下逐漸形而上，充斥著數不清的專業術語與統計數字，企圖將自己科學化與制度化，而逐漸忘卻社會學知識的根源在於人、在於社會。這樣一個高度學術化、封閉性的知識系統，往往讓有心認識社會學的人衆不得其門而入。

　　有鑑於社會學批判性格的重要性，再加上社會學長期在台灣本土無法爲社會大衆所接受與了解，於是有了

　　大眾社會學叢書的構想。本叢書希望從國內外社會學著作中選擇具有高度重要性與可讀性的著作，引介給台灣社會，也希望藉由這些作品的引進，讓台灣社會了解社會學所學何事。

　　　本叢書取材廣闊，舉凡文化、政治、身體、旅遊、休閒、風險、消費、人際互動等等不一而足，都是我們所亟欲引介的對象。除了讓社會大眾能夠由輕鬆簡單的社會學著作，了解一些我們從來不以為意的生活瑣事與食衣住行的重要性與趣味性，進而認識社會學之外，也期望引介一些尖端的世界思潮或重要的思想著作，以期與國人的思想相互激盪，交會出智慧的火花。更期進一步協助思考、觀照台灣社會的特殊性，幫助吾人認識身處社會的特殊性與趣味性。衷心盼望社會大眾的迴響，也歡迎各界在書目方面的推介，讓本叢書更豐富與更有意義。

導　　讀

王乾任

　　身體是我們得以生存在世的物質基礎，但是自從西方哲學在十七世紀之後逐漸將身心二元論擴大並傾全力發展心靈與思想方面的課題，因而逐漸忽視對身體的哲學性思考。到了 80 年代，由於社會學家著作的啟發，西方社會開始回頭關心「身體」這個承載人類的載體。

　　約翰·歐尼爾可以說是身體研究方面相當有名的學者，特別是他這本身體研究的經典。他從擬人論的觀點出發，探討人類如何藉由擬人論的觀念，將對於身體的想像反映與連結到我們的自然世界、社會世界、政治體制、消費文化、及醫療這五大面向。

　　歐尼爾認為，人類觀看事務與思考建構世界時，最原初的工具是人類自己的身體；人們對身體的了解同時

也是認識、定位自然世界的工具。歐尼爾提出道岡人的神話來解釋自然世界的擬人化觀點。中國古神話將太陽月亮比喻為眼睛，也是一種對自然世界的擬人化。

歐尼爾接著討論範圍較為縮小的人類社會。人類自原始慢慢演化並開始出現社會的雛形，對社會世界的想像也是採取以身體做為比喻社會的工具。像是左右手在社會中的尊卑之分，飲食的禁忌對潔淨與不潔的分別。作者在這裡花了很大的篇幅討論飲食中的禁忌與社會秩序等問題，而人對各種動植物之可食與不可食的重要評判標準之一，就是這些客體與人類社會之關係的遠近親疏。也就是說，是社會關係決定了飲食禁忌，像回教徒不吃豬肉，美國人不吃馬與狗，卻大量吃牛羊豬。這些都是因為人類對社會的擬人論想像而導致的位階安排不同。這些位階的建構基礎仍在於人類對身體的想像。

政治形式一直是影響人類社會建構的重要關鍵，其中政體類型受到身體形象的巨大影響，像柏拉圖對城邦的構想即是來自人類身體各部位器官的比喻。人類的第一座城邦是個放大了的巨人身體，就像城邦中的士農工商扮演著身體手腳腸胃等不同角色一樣來供應這個巨大的身體（城邦）存活。而在這個政治身體中最重要的莫過於頭，就像人沒有了頭部無法存活一樣，城邦沒有了頭也不能存活。而這個頭就是君王，君王是一個集政治身體與生理身體為一身的特殊性身體，擔任君王時，這個具體的身體同時屬於政治而且屬於個人。當一個君王

死亡與另一個新君王崛起交替時，是觀察兩種身體的好
機會。當一個老君王死去時，他的死是視爲他個人肉體
的毀壞，而其政治身體的延續則藉由傳遞某些信物來完
成。新一代的君王以他自己的肉體繼承了舊一代君王的
政治身體，進而延續了政治體的統治合法性。於是，君
王作爲城邦頭的政治基礎可以在個體的死亡後繼續傳遞
與延續。

　　消費身體與醫療身體則是影響現代社會最大的兩種
觀念。一個身體存活時，有許多必要的需求與更多非必
要的欲望，而消費則成爲滿足這些需求與欲望的最佳工
具。像汽車不過是代步工具，爲什麼要執著於對某些品
牌的追求，香煙也是。人們不會僅僅滿足於追求身體必
要的需求，而且還會追求一些可以表現其名望地位的特
殊欲望。其中建構在身體上的各種意象與意識型態正是
推銷這些意象最好的工具。而在一次次的建構之中，身
體逐漸被消費佔據，而身體也僅成爲各種消費物品競相
追逐的場所。欲望的增加導致人們對於賺取更多金錢的
欲望，人的生活漸漸地只是爲了「消費」這個面向。人
無法從消費面向逃脫。「我不抽其他牌子的香煙」，爲
的是什麼？應該不會是這個牌子的香煙不會對健康造成
問題吧，多半是這個商品背後所蘊含的身體意象。作者
以雲斯頓與萬寶路香煙作了精釆的論證。而對汽車、電
視、傢俱、房子、衣服、化妝品和娛樂的消費等面向更
是充斥著各種對身體意象的美好建構。廠商利用了對身

體意象的建構而成功地賣出各種商品，並進一步操控人類的身體觀，更深化人類的身體物化。人們對身體意象的特殊幻想與憧憬成了消費文化與商品販賣的最佳工具。

最後是醫療，現代社會的另一個重要面向就是身體的醫療化。醫學科技的進步將醫學的思考觀念帶入人類社會與身體型態中。人類在醫療科技的進步下，面對身體的疾病不再束手無策。而推出新進的醫學技術係企圖將各種疾病當成是可以修復的問題，現代醫學藉其先進與有效性，已成功地轉移人類對身體的主控權。在現代社會中，人類身體的主控權不在人類本身，而在醫療機構。出生與死亡是最好的例子，一個人的出生與死亡需要經由醫療機構來進行判定，個人無能為力。而對於生命歷程中的疾病與治療，更是由醫療體制完全控制。醫療視疾病為禍端，去之唯恐不及的態度更是令人感到身體醫療化的威力。生命的每個階段從懷孕、生產、哺育、性愛、疾病、痛苦、衰老、死亡等都深深陷入醫學專業的掌握與控制之中。歐尼爾並花了很大的篇幅以美國的捐血制度來論證醫療化對個人身體的入侵。

在結論中，歐尼爾提出了兩種可能在未來出現的身體觀－外星人和機器人。無疑地，機器人已經成功的在現代社會中出現。機器人與外星人的身體觀如何為我們所想像並成為我們擬人論身體論述的一部份？醫療與消費的全面進駐人類身體各面向，而外星人和機器人的身

體隱喻可能爲人們想像、建構一個比消費與醫療更好的
身體觀嗎？這本書迷人的地方就在於，我們因此可以有
無窮的想像空間。

我們的兩種身體

擬人論（anthropomorphism）＊：人的形象
或性格之特徵。

　a. 以人的形象或特徵比擬神；

　b. 以人的特徵或性格比擬任何非人類或非
　　理性之物。

　　　　　　　　　　　　——《牛津英語詞典》

　　撇開字典中的定義不談，我認為如果沒有擬人論，
人類將難以在這個世界上立足。假設人們徹底拋棄擬人
論，世界之於我們將變得比任何一位神祇更為陌生。因
此，擬人論是一種人類（對世界）最根本的反應（方

＊譯註：又譯為神人同形論

式）；它是人類在構建其自身、構建其世俗組織和神祇系譜過程中的一種創造性力量。這是邏輯學者們的一種誇喻（conceit）比附方式，藉此我們才能作不同的思考。但是，我何以斗膽重提擬人論？即使不怕謬誤之說，我難道不應對當今的思想潮流表示尊重嗎？人不比上帝，他不屬於自己所創造的。這看來似乎有些奇怪（我們正是這樣被告知的），但我們最好將其視爲某種令人激動的機遇。

　　——設想我們倖免於社會和道德的混亂——在某種程度上的確如此。但我認爲我們之所以免於罹難是仰仗租賃來的道德資本。因此，我想重提那個古老的問題：誰創造了人？這是一個擬人論的問題。在對該問題的追問和對其反應的追尋中，人便使自己成爲人。

　　對我們而言，這條思路至關重要。我們不可能爲一種擬人化的社會科學採取其他的方法來奠定基礎。人在文學和社會科學領域裡的喪失旣充滿憂傷又不乏歡愉。人類知識的進步似乎要求摒棄擬人論的或人類中心的世界觀——我對於這一論調並不持強烈的反對意見。然而，一個明顯的事實是：在這個過程中，人們已經失去了那種賦予人類體制以人類形體的能力。在我看來，這種能力是社會科學中擬人論的基本核心：我們如果想要抵抗同樣極端化的主體性或無主體性科學的威脅就必須復興這種能力。更重要的是，我堅信，對於人類身體無

可避免的興趣將有助於我們解決人類、自然以及社會制度間那種複雜關係中所存在的重大問題。我們將比較清楚看到：人類身體是怎樣作為一種智慧和評判的源泉，導致了那些大大小小的擬人論秩序的形成——正是這些秩序支撐著我們的社會、政治和經濟結構體系。乍看之下，這種論調不甚明確，因為人們通常會認為身體要麼太過於個人化，要麼太難以把握，所以在研究我們的公共生活的心智秩序方面不能以它為出發點。比如說有一種身體的「社會學」或一種身體的政治經濟學聽起來似乎有點奇怪；身體似乎一定不在一般意義上的社會學、經濟學和政治學的研究範圍之內。但是一旦將身體納入這些學科的研究領域，我們將會發現，我們都忽略了自己的生命和大部分日常感知中的公共生活特質。

生理性身體和交注性*身體

我們是在何種意義上來理解進入社會生活的身體？身體有時被視為一種生理客體，它和其他客體一樣圍繞在我們的周圍。這樣一來，我們的生理性身體（Physical body）（即肉體）便被撞擊、敲打、輾碎，進而被摧毀。然而，即使在這樣說的時候，我們的語言還是從賴以棲居的身體（lived body）中疏離或異化了出來——後者指的是那種交往性的身體存在

．譯註：交往性又譯為溝通性。本書以下章節將按上下文的需要譯為溝通或交往。

（communicative bodily presence），我們不能對交往性身體漠然處之，因為我們可以從他人和我們自己身上感覺到它的存在。①由於這兩種身體的不可分離性，我們甚至將生理性身體視為一種道德身體（moral body），它使我們擁有尊敬、互助和關懷等美德；我們應為它所受到的任何傷害負責任。除此之外，社會也強烈地維護身體不受侵害（的權利）：那些故意傷害他人者將被處以監禁或其他形式的身體處罰，甚至那些只是體態笨拙的人（即便不遭受到道德上的譴責）至少也免不了窘迫感。因此，從德道的角度來看，生理性身體不僅是生物學研究或醫學實踐的對象而已，它極有可能促使我們對後兩者的操作形式進行再思考：即考察神聖化醫學的再創造過程。無論如何，我們不能將身體的解剖學和生理學當作一種確立的典範並以此來指導人們認識身體在社會生活中的行為舉止等。「我們所擁有並加以思考的交往性身體是我們的世界、歷史、文化和政治經濟等的一般性（普遍）媒介」。莫里斯·梅洛－龐蒂寫道：

　　　　身體是我們所能擁有世界的一般媒介。有時，它被局限於保存生命所必需的行動中，因而它便在我們周遭預設了一個生物學的世界；而另外一些時候，在闡釋這些重要行動並從其表

面意義前進到其比喻意義的過程中，身體通過
這些行動呈現出一個新的核心意義：這真切地
體現在像舞蹈這樣的習慣性運動行為（*motor
habits*）之中。有時，身體的自然手段最終難以
獲得所需的意義；這時它就必須為自己製造出
一種工具，並藉此在自己的周圍設計出一個文
化世界。②

　　上述區分並不意味著要貶低我們生物性身體中生命
的重要性。我僅僅想加深生物學和文化之間的聯繫；這
一聯繫之所以興起恰恰是因為人類身體是一種交往性身
體，其直立姿態和視聽能力的結合拓展出了一個符號世
界，這極大地豐富了我們的經驗並使我們超出其他生命
形式的範疇。③我們從未體驗過我所區別出的生理性身
體和交往性身體等身體的諸面向；我們只是將身體當作
一種包含著諸多變項的統一體來加以體驗（這些變項決
定於各種歷史和社會情況）。關於生、死、痛苦、快
樂、饑餓、恐懼、美、醜等身體經驗，各個社會已不再
擁有某種可供共同遵守的普適性儀式。那麼，我們怎樣
才能把身體處理成一個可供社會科學研究而非僅僅是生
物醫學研究的課題呢？對身體的研究或許可以有助於我
們理解諸如社會秩序、衝突和變化之類較廣泛的問題，
那麼從中我們將獲得怎樣一種關於身體的知識呢？如果
這種研究確有裨益，那我們怎樣才能堅持下去而非僅僅

當成一時的心血來潮？難道科學所追求的秩序、規律和
普遍性與身體行為無關嗎？一般來說，社會學所研究的
規則和規範性行為是源自於人們的信仰而非身體的化學
構成或生理組織。因此，我們可以這樣認為，社會存在
於我們的精神而非身體。人類漫長的宗教、哲學和教育
史足以說明這個問題。我們總是以二元論的方式構思萬
物秩序，像是精神高於物質，理性高於感覺等法則。由
此觀之，身體不過是道德和思想秩序的被動僕役。因
此，如果想要事業有成，出人頭地，或者說想要學習社
會所謂的知識而被迫坐在此演講廳內（更不用說閱讀此
書了），④我們的身體就必須被管束禁錮起來！

　　要瞭解社會制度（social institutions）是如何
對身體進行重建並非易事。⑤然而更難的則是弄清楚我
們如何能借助身體來重建社會制度。然而這正是本書所
要做的工作。最近，米歇爾・傅科（Michel Foucault）
晦澀難解的理論引起了我們的注意。根據傅科的理論，
現代政治經濟學並未壓抑身體；毋寧說，它只是將性的
身體（sexual body）開闢為一種論述渠道（discursive
channel），從而將其權力加諸在後者之上──通過這
一論述渠道，我們總是不停地表明自己的身份並坦言自
己的欲望：

　　　性不應該被如此描述：它是一種頑強的衝動；

它外在於，並且必定也不服從某種傾盡全力想要弱化它的權力；後者總是企圖對它進行全面性的控制，但這種企圖往往歸於失敗。實際上它是一個權力關係網中極為稠密的轉換點，這些權力關係體現在男人／女人之間，青年／老年之間，父叔輩／兒孫之間，教師／學生之間，神職人員／世俗大眾之間，管理階層／被管理階層之間。在權力關係中，性並不是最難以駕馭的因素，它僅是許多最具工具性的因素之一：在形形色色的策略之中，它扮演著支撐和關鍵的角色。⑥

　　我認為我們有必要注意一點：從交往性身體被降格為性的身體是一個歷史過程，它歪曲了那曾經統攝自然、社會和人類身體的性別化宇宙學（the gendered cosmology），並使其從屬於自然和人類家庭的工業化──關於這一點，我們在接下來的章節中將要加以討論。⑦於是，我對我稱為生理文本（biotext）的歷史轉化為（以）社會文本（sociotext）的歷史來進行重建（參閱《結論》部份）。這便是本書的立論架構。同時，我採取的基本立場是反對任何形式的反人道主義，尤其是任何時下流行的去家庭化（detamilization）的主張，後者的目的在於將國家和市場強化為人類生活的最高模型。⑧我拒斥這種處於終極階段的新個人主義。

確切地說，我的思路是與維柯（Vico）一致的，那就
是，企圖在家庭和社會的巨大歷史性整體（historical
body）之外來構築人與人之間的契約性關係是不可想像
的。因此，我在此籲求一種家庭化的歷史（familied
history）——只有在此歷史之中，我們的每一個個體
才得以存活。這種歷史說法遠非當今勸戒室中的個人懺
悔或官方的歷史修纂所能比擬。它不能被劃分為偉大的
男人史，也不能被視為關於女人和兒童的新歷史。我們
所有人都擁用這種家庭化的歷史，而且也都是該歷史的
見證人。因為神聖的格魯德·斯坦因（Gertrude
Stein）曾說過：

　　　每一個個體的歷史必都是漫長的，從他們出
生到死亡的進程中，這種個體的歷史漸漸地顯
露出來；漸漸地你能從他們的生活中看出其特性
與糾結；所有事物在每個個體歷史不斷的重複上
演中均逐漸彰顯出來；然後所有個體的歷史便從
中逐漸獲得對後者歷史的總體把握。漸漸地每
個個體的歷史將從這一個體中彰顯出來。然
後，將有可能獲得一種關於每個個體的歷史。⑨

交注性身體

在當今後工業社會裡，人們愈來愈傾向於將身體經驗（bodily experience）重新界定為一種純粹的勞動力，它像一件極為馴良的工具一樣為我們的商業、教育和醫學實踐所運用。面對著這樣一種趨勢，我們必須面對經濟學、政治學、醫學以及社會科學的分析性實踐作一番批判性的再思考──這個工作將留待下面的章節去完成。然而，這番理清的工作必將面臨著重重困難，並因此而阻礙它意圖發動的社會或政治變革，其原因在於：社會科學家們習慣於研究的對象並非有血有肉的人類身體，他們往往更喜歡採用資料性的材料或安排好的訪談程序。社會學論述的主要功能就在社會學家及其研究主題之間實施一種淨化儀式。對於專業社會學家而言，最重要的就是能面對窮人、病人和失意者的目光而不為所動，後者往往把他提出的問題擲回。訪談程序和研究立場往往把主題的豐富性和具體性剝離得乾乾淨淨。供社會學研究之用的設備日漸龐大和複雜，這使得它只能被安置在辦公室或研究所之中，其服務對象也逐漸集中在那些有支付能力的富有顧客身上。它同時也要求社會學家保持一種體面的標準體態（它涉及服飾、語言和感情），這使社會學家難以深入充滿犯罪、性、種族和貧困等問題的社會下層階級中。毫不奇怪，專業社

會學家僅僅龜縮在他自己的種姓（caste）內。⑩

　　作為社會學家，我們應該關注的是最基本的交往性身體，它不僅是所有社會的道德基礎，也是任何一種社會科學實踐的道德基礎。這一點對於我們社會學家而言十分重要。我們不可能離群獨居。從生命最初的那一刻起，我們的身體就將我們交給成年人呵護──關心我們的健康幸福是他們的職責和義務。當然這種呵護是為了有一天能將我們從不成熟的身體和不諳世事的心靈中解放出來，從而使我們能夠擁有獨立的（自我呵護的）人生。因此，他人呵護我們、滿足我們身體的需求絕非僅僅出自某種自私的快感，毋寧說，這是一種人類的**關愛傳統**（tradition of caring）；成年後的我們也往往將此種我們曾享受過的照顧反饋給下一代。這是社會得以建立的最根本條件。⑪如果不存在著這種照顧傳統，我們將受到另一種社會形態的威脅（關於這種社會形態，我將在下面論述）。這種社會型態缺乏真誠的社交性（sociability）和懇切的約束；人與人之間只存在自私、工於算計的交換性關係。確切來說，社交性源自心與心之間坦誠相待（哪怕是脆弱的）的情感交流，源自我們作為體現著的存在才擁有的那種交往性生命（communicative life）.

　　因此，身體是我們賴以棲居的大社會和小社會所共同擁有的美好工具。人類的聰明靈巧就在於他能無限開

拓其可資利用的工具範圍，從而滿足其巨大的勞動分工
（從最廣泛的意義上來說，勞動分工是社會的基礎）。
身體同樣是我們在社交中表達親密的工具。例如，有時
我們通過身體的特殊使用表示友善的目的，如刻意對脖
子、手臂、手腕、眼睛、臉頰、嘴唇等作打扮，我們一
般都婉謝社交聚會之類的活動，亦如純粹出於一般的社
交禮儀，不太擔心體重的人往往會替人代飲或代食。
（這或許會伴隨著幾聲不那麼認真的抗議之辭，因爲飲
食並非他們身體所需。）如果說身體是各種社交場所中
表達社交禮儀的工具，那麼有時通過某種具體的方式，
在某種具體的情形中身體同樣可以用來表達對社會的拒
絕。例如兒童往往通過哭鬧、踢打、拒絕吃睡、弄亂弄
髒來表達他們對父母某種要求的不滿。囚犯、精神病人
（更不用說處於青春期的青少年了）也會有同樣的舉
動。在此，身體是表示拒絕或抗議的工具，正如同從權
威的角度來看，順從是維持秩序的工具一樣。⑫所以最
嚴重的社會懲罰就是人身限制或肉體監禁，用疼痛折
磨、饑餓、甚至用死刑來達到懲罰的目的。革命者、造
反者、持異端邪說者、失足者、罪犯、甚至病人都有可
能遭到肉體上的懲處，因爲他們必須爲挑戰社會的正統
體制和既定原則付出身體的代價。

　　我們總是自覺或不自覺地對事物體現的外觀（the
embodied look）感興趣（對人尤其是如此）。儘管哲

學家和道德家們總是告誡我們不要迷戀事物的表象，不要以貌取人，但作爲社會學家，我們卻不能忽視人之所以爲人的生動外貌中所蘊含的複雜社會性因素。的確，只有通過身體的外貌我們才能把握到社會生活中的兩個基本層面。使我們對他人作出最初的欣賞和評價的是感覺；它迅速地促成我們或者是肯定、愉快和信任的感覺，或者是否定、害怕和躲避的反應。對於他人的所見、所聽和所感便構成我們與他人交往的最初基礎。這便是我們所有社會知識的血肉質料。社會從來不是非體現的景觀（a disembodied spectacle），因此我們對社會最初的認識便是建立在感官和審美的印象上。我們對一個人的瞭解首先是通過關於他或她外貌的第一印象（prime facie）。一般起初我們不會懷疑外表是否具有欺騙性，因爲作爲體現著的個人，我們不容易掩藏自己的需求，出於種種實際的目的，我們逕自把外表視爲眞實。梅洛－龐蒂指出：「聲稱我擁有身體即是說：我能被視爲客體，我努力使自己被視爲主體；他人可以是我的主人，也可以是我的奴隸，於是羞恥與不羞恥便表達了意識多元性的辯證法，它們具有一種形而上學的意義。」⑬

我們通常還在社會中尋找能映射（mirrors）我們自身的身體——這是社會生活的第二個基本特徵。這是因爲我們自己的身體是社會行爲可滲透的基礎；我們的

身體就是社會的肉身。庫利（Carles Horton Cooley）
在提請社會學家和心理學家注意「鏡中自我 （looking
glass self） 」這一觀念時，採用了類似於身體的術
語來談論這種可滲透的基礎。⑭我們在鏡子中所看見的
也正是他人所看見的。自我和社會通過肉身這個接連點
取得溝通。社會學家所謂的社會化過程（即嬰兒被按照
大衆化的行爲標準由其養育者哺養成人）取決於嬰兒不
斷的成長所需的**肉體感知知識**（visceral know-
ledge），這種知識來源於母親的餵養、撫摸、沐浴等
給予他感覺的經驗。所以早在兒童學得認知、語言和行
爲等規範之前，他的身體早就有對社會反應的經驗。兒
童所生活的溫暖世界（這需要作仔細的心理分析）「在
某種程度上」是我們所經歷的第一個世界，並形成了我
們此後進行社會溝通的某種準繩。庫利所說的「鏡中自
我」事實上是獲得所謂「身體形象」 （body image）複
雜過程的一部分，它經歷一個複雜的 「鏡像階段」
（mirror image），這使得嬰兒意識到它對**自己身體**的
體驗和他人將他作爲**一個身體**的體驗之間的不同。⑮因
此，在嬰兒期時我們就擁用一種傳達能力，即將母親作
爲第一個傳達工具，以母親的面部表情和語言表達來反
映（mirror）我們的意圖，並根據母親對這些意圖的理
解來進一步傳達我們的想法。

　　由於人的體現功能在自我和社會之間創造最根本的

聯繫，那麼我們現在可以簡略地考察一下它給成人的生
活環境所帶來的影響。乍看之下，這些所謂的影響顯得
無足輕重和令人費解，但是對那些堅信社會是有血有
肉、體現著世界的人而言，這種影響十分巨大。任何社
會都不能將活生生的身體從其符號體系中排除，因為所
有社會成員正是通過身體來交流諸如年齡、婚姻狀況、
性愛可能性、社會地位等等資訊。⑯只有順著這條思路
我們才能理解為什麼有那麼多人，每天花大量時間，大
筆金錢，通過最奇特的手段化妝美容：因為這是他們遵
守占社會主導地位的傳統習俗和價值準則的最必要表
達。具體地說，這些妝飾包括在身體上畫圖案、刻花
紋、配帶飾品、做髮型、以及漱洗、噴香水、除臭、遮
蓋身體的某個部位等，它們是不斷翻新的視覺作品⑰的
來源，通過這種方式我們使人類的身體構成了社會現實
的組成成份。因此，在社交場合中指導我們行為舉止的
資訊大量地來自於這種普通人所展現出來的**身體廣告**
（ body advertisements ）形式，模特兒是一種被強化了
的身體廣告。如此看來，我們非常有必要將這些看似令
人眼花撩亂的身體修飾技巧與上文曾討論過的社會自我
和身體的兩種基本功能聯繫起來。尤其應該強調的是，
身體的修飾及其解讀代表了某些非常巨大而又普遍存在
的力量，正是這些力量造就了一個**體現的社會**（ an in-
carnate society ）也就是這種日常生活所構成的無窮

體現的現實。

　　當然，在與具體的人更深入地接觸交往後我們會發現，先前對他們的外表印象性瞭解往往靠不住。而且，我們發現我正越來越遠離那種親密無間、友善、家庭式的人際關係——當然這一關係並非應該堅如磐石、牢不可破——我們所需要的是培養一種群體意識和角色意識，它有助於我們理解周圍的行為以及這些行為對我們的要求。社會學家們一般都將自己的分析局限於較大的社會背景下的行為和交往。一般來說這些背景為他們提供不會有錯的認知繪圖。但是，在許多方面，社會背景的社會學描述實質上是十分抽象和空洞的，因為它忽略了作為社會代言人的具體情境中的具體個人這個因素。也就是說，在日常生活中，我們應該——而且必須把社會融入我們的血液之中。習俗和傳統就流淌在我們的血液之中，它們構成我們的肉體、心智、神經以及道德觀念——以它的歡笑和痛苦，褒獎和懲處構成社會秩序中平凡生活的魅力。

　　一般來說，社會科學研究屬於現代社會的控制策略的一部分，所以，我們有必要修改它那種道德身體優先（據稱這才是其對象）的操縱性偏見。我們越來越擔心現代社會組織會變成一架生命機器（life-machine），道德身體便被各式各樣的官僚機制包裹其間。正是為了抵抗向機器型或義肢型社會發展的趨勢（在那種社會裡

人的正常智性和感性被馴服得奴性十足），我們才開始
將研究目光投向人的交往性身體所蘊涵的最根本力量，
而且正是這些力量建構我們的宇宙觀以及某些現存傳
統，而且還有可能鑄成人類未來的身體形態。

第一章

世界身體

　　現代人正忙於給不再屬於自己的世界賦予某種形態。這主要是指衆多藝術家和社會科學家對我們的異化世界所發出的針砭之辭，或者用我自己的話來說，是一個否定式擬人論（negative anthropomorphism）的過程。我們不再將自己反映（reflect）在自己的工作、風俗或環境之中。**現代經驗之抽象建基於人類形象的消彌之上，因爲人們更青睞於可算計測量之物，如數據、線條、符號、符碼、指數等。作爲人類自我賦形中的創造性力量，擬人論正處於消退。事實上這是一種可以理解的策略——藉此人類已經重新設計其身體、家庭、政體、自然和宇宙——爲的是給世界和人類自身賦予一種**

主導性的形式，這種形式極有可能成為各種形態變遷之終結，否則，擬人論的消亡這一命運將是不可想像的，與此同時仍有跡象表明：儘管我們對於宇宙和人類自身擁用前所未有的控制力，但我們仍然覺得需要情感的連帶和地方社群的維繫，需要一種和諧的、平凡的生活交往，這種生活雖然可能清貧微賤，但卻充滿了普通人的溫情暖意。

　　擬人論的消退代表我們的宇宙結構觀上的一大轉變。從前，人們通常是以自己的身體來構想宇宙並且以宇宙來反觀其身體——宇宙和人類身體之間存在著一種和諧性和整體性——現在人們對系統和結構的思考卻不再源自一個有血有肉、神形俱備的主體。正如在科幻小說中機器人的作用一樣，文學系統取代了藝術家個人的努力；藝術品僅僅是一種高超的口技，其作用比那些將社會生活置於官僚體系操縱之下的官僚好不到哪裡去。在所有現代化系統中，我們將自己從體現、時間以及社群中抽離出來。①我們堅信，那些人類政治組織中的顯著弊端將被超越或邊緣化，因此科幻小說所具有的想像力將釋放出巨大的能量和控制力，它能夠達到擬人論思想視野所不能及的，不斷進化發展的複雜性和開闊度。

　　我並不想拒絕任何非人類中心的（nonanthro-pocentric）科學。毋寧說，我的目的是想保持科學賴以發端和發展的基礎生命力。因而，我的主張便是：一

切科學的基礎即是世界身體。②擬人論應該是原始人宇
宙觀的唯一來源。我寧願贊同維柯的觀點，即對宇宙作
理性主義重構的可能性基礎就在於原始的詩性邏輯
（poetic logic），通過這種邏輯人們才能藉由其身體
思考這個世界：「人類心靈自然而然地傾向於憑各種感
官從外界事物中看到心靈本身，只有憑巨的努力，心靈
才會憑反思來注視它自己。這條公理向我們提供了一切
語種中的詞源學的普遍原則：詞（或字）都是從物體和
物體的特點轉運過來表達心靈或精神方面的各種事物。
」③（朱光潛譯文──譯注）

　　維柯的《新科學》最精彩的見解就在於它指出人類
社會一開始並非按照理性主義的原則被創造出來的。和
後來的涂爾幹（Durkheim）一樣，維柯認為原始人構思
世界的基礎必定是其各具性別的身體和家庭，因為只有
這些（身體和家庭）而非心靈才是理性概念的基礎。所
以現代科學不能夠充分評估這個原始宇宙觀的重要性。
我們不可能想像存在著一個從未勘定過的宇宙，它等待
著理性科學家給予馴服。如果太初之時我們的祖先未將
他們周圍的大千世界擬人化並馴化，他們可能早已死於
對世界的恐懼之中。和存在於擬人化世界與混沌無序之
間的巨大鴻溝相比，現代科學的概念範疇與我們祖先的
世界構思之間的距離實在微不足道。簡言之，當祖先們
通過其各具性別身份的身體和家庭來構思世界的時候，

他們就已經確定了原始和現代思維之間的這種連續性。正如涂爾幹和莫斯（Mauss）所指出的那樣：「最初的邏輯範疇是社會範疇，最初的階級是人的階級，其中所有事物被結合起來，初民組成了族群，並且也以族群的形式來構思自身，所以在他們的觀念之中，其他事物也同樣被構思爲族群。太初之時，兩種族群類型被融爲一體，難分彼此。部落是第一種種屬（genera），氏族是第一種類屬（species）。世界萬物被認爲是人類社會不可分割的組成部分，各種事物在社會中的地位決定了它們在自然的地位。」④

　　因此人類是通過其身體來構思自然和社會的。這也就是說，人類首先是將世界和社會想像成一個巨人般的身體。以此出發，他們由身體的結構組成推衍出了世界、社會以及動物的種屬類別。因此，原始的物種分類所遵循的是一種體現邏輯（embodied logic），即按造性別、親屬和繁衍範疇來區分，它們不僅不是非科學的或非理性的，而且是後來人文和自然科學領域內抽象的和理性化的範疇模式得以發展的基礎。因此我們有理由認爲，理性化的類屬概念並非從初民的想像性文化那簡單直線似地分階段發展而來，毋寧說它們都是某個不可分割的歷史和社會母體（matrix）的結構性組成因素。原始人的神話不等同於現代人那點淺薄的科技，它們也不僅僅是眞理的寓言式或詩意式的表達（據信那種科技

可以達到真理）。它們是人類秩序和國家組織不可或缺
的起源。如果沒有神話，後來人道主義和科學主義思想
要取得成功無異是癡人說夢。換句話說，擬人論——而
非理性主義——才是人類社會所必經的第一個階段。維
柯告訴我們：

　　　值得注意的是在一切語種裏大部分及無生命
的事物的表達方式都是用人體及其各部分及用
人的感覺和情欲的隱喻來形成的。例如用「首」
（頭）來表達頂或開始，用「額」或「肩」來表
達一座山的部位，針或土豆都可以有「眼」，杯
或壺都可以有「嘴」，耙、鋸或梳都可以有
「齒」，任何空隙或洞都可叫做「口」，麥穗的
「鬚」，鞋的「舌」，河的「咽喉」，地的「頸」，
海的「手臂」，鍾的「指標」叫做「手」，「心」
代表中央，船帆的「腹部」，「腳」代表終點或
底，果實的「肉」，岩石或礦的「脈」，「葡萄」
的血代表酒，地的「腹部」，天或海「微笑」，
風吹，波浪「嗚咽」，物體在重壓下「咽吟」，
拉丁地區農民們常說田地「乾渴」，「生產果
實」，「讓糧食腫脹」了，我們義大利鄉下人説
植物「在談戀愛」，葡萄長得「歡」，流脂的樹
在「哭泣」，從任何語種裏都可以舉出無數其他
事例。這一切事例都是（*120*）那條公理的後果：
人在無知中就把他自己當作權衡世間一切事物
的標準，在上述事中人把自己變成整個世界。

了因此，正如理性的玄學有一種教義，説人通過理解一切事物來變成一切事物。這後一個命題也許比前一個命題更真實，因為人在理解時展開他的心智，把事物吸收進來，而人在不理解時卻憑自己來造出事物，而且通過把自己變形成事物，也就變成了那些事物。⑤（朱光潛譯文──譯注）

　　維柯的推論可以從道岡人（Dogon）的故事中得到證實（道岡人是最後一個被接納入法國殖民統治的西非部族）。他們的故事能縮短他們與我們之間距離，因爲我們也有一種將世界故事化的需要。事實上，我們的生活中從未離開過那些故事。正像兒童們所指認出的那樣，即使當今描寫外太空的科幻小說所呈現的仍是我們自己的而非外星人的家園和居所。

　　道岡人認爲世界是一個巨大的身體。更重要的是，它是一種交往性身體；而且「語言」是瞭解這個世界身體的關鍵，道岡人的世界觀是擬人論式的；它在每一個層次上均反映出一種具有性別特徵的身體形象──其礦物、植物，及其人工製品均爲某個巨大身體的組成器官。⑥世界的身體和世界的語言不可分離。說故事的人叫奧格特邁里（Ogotemmeli），⑦此人曾是獵手，現在是下奧格村（Lower Ogol）一個年老的瞎子：

　　當天神阿瑪（God Amma）將群星灑向太空時，他同

時也從手中拋出了一塊粘土，粘土落地並開開成一個女
人的身體形狀。蟻塚是這個世界身體的性器官，白蟻塚
是她的陰蒂。孤獨的阿瑪意欲佔有世界身體。蟻塚抵抗
阿瑪的入侵，於是阿瑪便將其斬落。這次混亂媾合的結
果便是豺的出世，它是阿瑪所有煩惱的象徵。從此以
後，阿瑪與其大地之妻進行更進一步的交合。作為神種
（divine seed）的水進入了大地的子宮，於是誕生了兩
性同體的雙胞胎努莫（Nummo），他們昇入天國並於其
父處授業。在那裏，他們看見了他們那赤身裸體、一言
不發的母親。於是，他們帶著植物所織的布裙從天國降
落到地上，並用裙子將大地包裹起來。這不僅保全了她
的貞潔端莊並藉由言說（speech）恢復了秩序。大地衣
裙的纖維全是潮濕的管道，努莫便棲身於其間；此時他
們化形為熱氣，上面漂浮著語言。正如人類身體的組成
元素是水、土、空氣和火，語言之軀也不例外。薩利瓦
是水，沒有它語言便變得乾枯；空氣托浮著語言的聲音；
泥土賦予語言以重量和意義；火給予語言以熱度。因
此，身體的內部便外化為語言之軀，各自間的成份像一
件衣服一樣互成比例。道岡人認為，赤裸就等於無言。

　　然而，努莫知道最初八個兩性同體雙胞胎兄妹的後
代是不安全的。於是他們再次下降，進入大地的子宮。
雄性努莫佔據了白蟻塚陰蒂的部位，雌性努莫的子宮成
為了大地子宮的一部分。先祖中最年長的便迅速地進入

努莫所占據的蟻塚子宮。他的雙腳最先滑入，從而將食
缽留在身後（食缽是其人類身體的象徵）。在大地子宮
裡，他變成了水和語言，然後被排出昇上天國。所有八
位先祖均經歷這種身體變形。但是第七位先祖——他是
雄性元素（總共有三位）以及雌性元素（總共四位）完
美結合的象徵——被賦予掌管語言的權力。此時的語言
比太初之時包裹大地的語言更爲明晰，而且它是給每一
個人而非少數先行者（initiate）使用。第七位先祖的
語言含有世界進步的元素。於是他便爲其目的佔據了大
地子宮的全部。他的雙唇大張，一直延續到了蟻塚之
邊，於是蟻塚也裂開從而使得大地子宮變成了一張嘴；
總共有八十枚尖牙，每位先祖各有十枚（等同於手指的
數目）。授命之日的日出時分，第七位先祖的精魂吐八
十塊棉線，其上下齒咬緊經緯織線。其整個臉部全部開
動起來編織第二言（Word）的織物（本文）：「精魂吐
出的詞語充滿了織物的縫隙：它們被織成棉線，並成爲
布料的主要構成成分。它們就是布，布就是言。這就是
爲什麼織物常被稱爲 soy，它的意思是『被說之言』，
Soy 還意味著『七』，因爲那位又言又織的祖先在其兄
妹中排行第七。」⑧

　　然而，第七位先祖是通過螞蟻才傳出「言」
（Word）。螞蟻還依次將「言」傳遞給大地陰蒂被削掉
之後出生的男人。在此之前，人們居住在簡陋如獸穴的

洞中。現在他們按蟻塚的形狀修建房舍及通道，他們還
儲藏食物並用泥土在其居住地入口的四周塑造了巨大的
齒狀物，一如大地子宮的齒狀物：「螞蟻一面將其曾聽
過的語言吐露出來，人一面覆述著這些語言。於是人的
嘴唇再次創造了運動中的生命的概念，力量互換的概
念，精魂呼吸的功效的概念，後者是第七位先祖所創造
的；於是經緯之交錯便織入了同一種語言，即新的神授
知識，它成為人類的遺產並在織布梭的劈啪聲中以及時
鐘的滴嗒聲中傳給了一代又一代的織工，他們把它叫做
『語言的滴嗒』（creaking of the word）」。⑨

　　由於天國秩序的進一步破裂，道岡人獲得了第三言
（the third Word），據此建立了純潔大地的「豐饒之
鄉」（the Granary of Pure Earth），它是所有豐饒
之鄉的雛型。每種豐饒之鄉的構成都反映了世界構成的
元素和階段。而且，這種規劃安排完善了蟻塚的世界，
也是人類初在此大地上居住的模式。「純潔大地豐饒之
鄉」原本呈一個編織籃的形狀，它頂圓底方，裡面盛滿
了用以立「言」的泥土。但是現在這一形狀被翻轉過
來，即「豐饒之鄉」的底部呈圓形，代表太陽；頂部呈
方形，代表天空，其中開有一個圓形小孔，代表月亮。
四方各鑿有十級的臺階，臺階踏板為雌，起步板為雄，
四方各代表動物和群星的星雲。北臺階為人和魚所用，
南臺階為家畜所用，東面為鳥所用，西面為獸、植物和

昆蟲所用。豐饒之鄉的入口在北面，其寬窄僅容一個身
體通過。該入口稱為豐饒之鄉之口，其餘部分被稱為世
界之腹。內部被隔成上下各四室總共八室的格局。八室
中各室均儲藏著生米（female millet），蠶豆，酢醬
草，水稻以及洋地黃（Digitaria）。八室還代表相當
於人體器官的水之聖靈（the Spirit of water）的八
個器宮以及一個鳥胗，因為聖靈往往疾飛似鳥。這些器
官的排列順序如下：胃，胗，心，小肝，脾，腸，大
肝，膽囊。豐饒之鄉的中央立有一個圓罐，象徵子宮；
此罐內部另有第二個罐，內盛油，代表胎兒。第二隻罐
的頂部置有一更小的罐，內盛香水；其上置有兩隻杯
子：「象徵著骨架的外牆內室使八件器官各躆其位。方
頂的四角有四根直立的柱子，它們代表手臂和腿。這
樣，豐饒之鄉看起來像一個仰臥的女人（其背部代表太
陽），其腿和臂支撐著頂部（代表天空）。其雙腿位於
北面，第六節臺階開有一門，象徵其性器官。」⑩
　　「純潔大地的豐饒之鄉」不僅是世界身體的象徵，
其器官還能反映生育繁殖的過程。通過這些生育繁殖過
程，世界身體才能既更新自身又繁衍道岡人：

　　　　豐饒之鄉及其內容是世界系統新秩序的生動
　　寫照，其內臟器官的功能代表了這個系統的運
　　作方式。這些器官通過普通的消化管道和血液

循環攝入象徵性的養分。象徵性食物從第一室
和第二室（胃和膵）進入第六室（腸道），並從
第六室以血液的形式和最後以呼吸的形式進入
其他器官，最終到達肝和膽囊。呼吸是一種蒸
氣，即水的一種形態，它維繫著生命並且本身
便是生命的原則。⑪

　　道岡人之「言」（the Word of Dogon）如同大地
身體的種子一樣，被置於其鎖骨中，它們（鎖骨）被稱
為長滿小米的豐饒之鄉，在人們遭受饑餓時這便是救命
的糧食。⑫鎖骨保衛著道岡人的生命力，人格和語言。
在鎖骨的水中，象徵性的穀物才能發芽，它按照每個人
在社群中的職位，角色和作用給他（她）提供能量。當
身體像鐵匠般工作時，語言便產生了：肺部吸入呼出空
氣，心臟把水加熱。脾臟像鐵錘敲擊胃部；肝臟為鐵
砧；捲曲腸道搗碎食物和語言，並將其精華供給各關節
部位以增強身體的力量。舌頭代表鐵匠的鐵鉗，它沿途
「抓住」語言將它們送入口，爾後又將其導引出來。在
身體內部鑄鍛成濕熱的聲音後，說話者必須像鐵匠一樣
將聲音轉化成可理解的語言。給聲音賦予具體或相對特
徵的過程就像織布一樣。嘴像一台織布機，它為道岡人
編織出適合於生活中各種場合、功能、角色和行動的可
理解的語言。頭蓋骨和下巴上的神經網就像織布機的前
後支架支撐著織布機／嘴；牙齒像精梳機，舌頭像來回

穿梭的織布梭。喉嚨，確切地講聲帶，就像織機滑輪，它使得織機發出獨具特色的吱嘎聲。舌頭的上下振動就像織梭的經向運動，而辭彙自身則好比織工的線。言談的行為——說，聽，說——就像手的前後運動以及壓腳板帶動織梭的上下運動，從而調整織線的高度。言談和紡織交錯運動的相似性同樣反映在舌頭的上下連續位移以及從女聲到男聲的轉換，在道岡人的音樂舞蹈中無休的男女對話便存在這種情況——這就像織機的吱嘎聲，它把道岡人的服飾，習俗和社群緊緊地編織在一起。

在西非喀麥隆山區北部的法裏（Fali）地區，我們同樣發現了一個被構形的像身體一樣的世界，在那裡，每種生物的地位和功能都以身體各種器官，功能和關係的類比被加以描繪。⑬對法裏人的宇宙結構觀的每一方面我們不能一一詳述，但其中一些原則性因素還是值得一提。宇宙被分為四種構成性元素，每一種的方位如

（北）

水

（西）空氣　　　　　　虛空　　　　　　火（東）

大地

（南）

下：

　　每種基本成份都配有專門的顏色和神話中的動物。
紅色和鱷魚被配屬東方，白色和蟾蜍配屬北方，淺藍和
烏龜配屬南方，黑色和猴子配屬中央，西方被比附成
vanvin（vanvin：疑為一種動物，待查－譯者），其混
雜的顏色近似於珍珠雞黑白相間的全身羽毛。總體來
說，東方與生命、力量、財富、豐饒、生長、熱量以及
知識有關，而西方（或北方）則代表孱弱、饑餓、無
力、寒冷、無知以及死亡。

　　地上世界也按造人類身體和法裏人自己的類比被分
為四大部分。坎哥（kangou）部落位於東方，為頭；汀
古埃林（Tinguelin）部落在南方，為軀幹；博沙奧姆
（Bosoum）部落在北方，為手臂；保裏—佩斯克（Bori-
Peske）位於西部，為一右肋朝下側臥男性的雙腿，它

（1）頭　（東）	人類及可食性穀物
（2）胸	居家的房舍
（2a）肩　（西）	野獸，鳥類，魚類，爬行動 物，所有棲生於灌木中的生物。
（3）右臂	小米地
（3a）左臂（南）	種植塊莖植物的田地
（4）下肢（北）	種植可食性穀物的土地。

們爲大地提供著養份——這是一個即陰性又陽性，即天空又大地的統一體。法裏人的世界正如插圖1所示，是一個四位一體的整體。

　　接下來，四個主要部落的每一個都被進一步分別細分爲四個小氏族，而每一氏族的構成均類似人類身體的四種主要部位。在此四元格局的構成基礎上，我們又發現了一個分爲穀物、動物、鳥類、昆蟲的分類模式，以及關於類似房屋設計、陳設和功能的分類法，它們均對應於人類身體的構造。按照對已知世界（如人類、人類組織及其行爲，食用性穀物以及家畜等）和未知世界（如野獸、爬行類動物、鳥類、昆蟲和魚）的主要劃分，所有上述分目均成爲世界的組成部分。

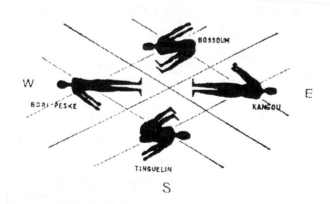

〔插圖1〕摘自 Jean-Poul Lebeuf，L'habitation des Fali（Paris: Hachette，1961），p.437.Copyright(c) Hachette-Guide Bleus，1961.

　　對沙古埃林人而言，世界身體看起來像是這樣的：

　　　由此可見，在將世界描繪成一個為他們所認識的地方這一方面，我們的祖先具有非凡的創造力。我以為，這正是我們所景仰的，內在於歐洲古典文明及其遺產中的創造性衝動。從西方的前蘇格拉底時代到文藝復興，與和東方一樣的非洲和印第安人社會，顯然存在著一種擬人論思維的連續性，這使得我們有理由保存具有普遍性的思維模式，這種思維模式和我們人的普遍性具有本質性的關係。換言之，我認為擬人論是保存在我們的神話和詩歌中一筆尚未被發掘的重要遺產，它提示我們去注意人類身體形態和社會及宇宙形態之間的本質性聯繫，這幾種形態之間互相映照。柏拉圖在《蒂邁歐篇》（Timaeus）中指出，有教化的社會乃將自己視為一個包含著其他身體的世界身體，它將四大族系──天神（包含恒星，行星，地球）、空中飛鳥、海中游魚，以及陸上走獸──緊密地聯成一體，並將它們的神聖造物主即為人所理解的「形體」（form）聯繫起來。按照造物主的「形體」，「創世者」（Demiurge）塑造出了世界的肉體，這是四種元素按適當比例組合而成的一個完美構形：

　　　現在世界的框架支撐起了這四元所構成的整體；聚合者用火、水、空氣、土地創造了世界，

所有的成份和力量均囊括進來。這便是他的意
圖：首先，它必須成為一個成份完整的生命整體；
其次，它又必須是惟一的，除此之外，別無它
物；再有就是它必須不懼衰老和疾病。因為他認
為，如果身體僅僅是一種合成物，那麼諸如
熱、冷等外部力量將會使其過早消解，並且會
以疾病和衰老來使其枯萎。出於這種考慮，他
將其設計成一個單一的整體，它由一系列其他
整體構成，它是完整的並且百病不侵、長生不
老。⑭

　　《蒂邁歐篇》和奧格特邁里神話之間顯然存在著相
似之處，但這並不意味著貶低前者的價值。在它們對世
界身體構思之間存在著某種共同的崇高性（Subli-
mity），這一點便決定了二者之間的類同性。柏拉圖的
創世者以其身體賦予混沌秩序，而其身體又反過來反映
了宇宙中固有的秩序和無序。因此，眞理、美和公正的
形式之所以是非憑空想像的宇宙結構學正因爲它們是被
銘刻在身體之上，而身體是「被構形成上帝的形式，從
而包含了所有形式」。所以人類的身體是大宇宙和小宇
宙之間相互轉換的橋梁，充斥在當前報章雜誌的占星圖
所展示的巴比倫宇宙生物和宇宙地理系統也體現了這一
觀念。我們不應將這種思維系統看作是民間心理學或是
某某「大預言」式的庸俗玩意兒。毋寧說，它們表徵一

種「神聖系統」。換句話說，與其相關的是恒星、行星
以及人類身體之間的整體性以及相互之間的類同性。正
如萊昂納道・巴爾肯（Leonard Barken）所指出的那
樣，黃道和行星系統分別對應著身體骨骼結構和宇宙結
構，從而使得我們能在幻想中自由馳騁或作出某種預
言：

> 行星系統並不是在天文學意義上和人類身體
> 聯繫起來的，這種聯繫是通過把行星轉換成為
> 具有人形和人格的天神變形過程中而實現的。
> 如果我們超越該系統原初想像性因素的限制，
> 那麼宇宙則可以成為某個外在的舞臺，一系列
> 衝突事件便在其中上演，人類身體結構的運作
> 也反映在這些衝突事件中。如果將我們置於單
> 純的身體結構層面上，那麼這些衝突事件則像
> 行星的運行一樣是可以預測的；但是由於通過天
> 神的生活而給行星賦予了擬人論的意義，身體
> 結構內部的衝突以及人與人之間的衝突則顯得
> 具有更加廣闊的潛在多樣性。⑮

關於人的精魂及其構造的描繪在傑弗那裡表現的極
好。托利（Geoffroy Tory）所提供的「百科全書式人」
（encyclopedic man，審按：博學之人）的形象圖（見
插圖2）。他是由九位繆斯和文科七藝（liberal arts）
按完美比例構成，而且在其手中和腳還掌握著美德。在

這個形象中，天和地在人文科學中共用和諧；這些人文科學又反過來將和諧置入人的精神和肉體以及個人和社會之間的關係之中。

《聖經》中關於上帝的身體和人的身體之間的類比引發了複雜繁瑣的猶太法學博士教義研究（rabbinical scholarship），對此，我在第二章中有簡要論述。⑯微觀宇宙結構學的字義（literal）傳統和寓義（figur-ative）傳統之糾結是中世紀思想和文藝復興思想的特點。在自然哲學、神學、神秘主義、法律和詩歌中，我們總能發現許多關於身體的隱喻，這是理解在人類和宇宙中的等級秩序運作原則的關鍵。關於這一點我們將在第三章政治身體（國家）的形象中加以論述。巴爾簡要地論述了字義傳統和寓義傳統的功能：

在作為小宇宙的人類身體的文學形象中，字義和寓義是二而一的；但從中世紀到文藝復興時期自然哲學的發展過程中，寓義傳統脫離了字義傳統取得了獨立的發展，並最終成為思想的主流。把人象徵性地視為小宇宙這一觀點存在於各種哲學傳統和歷史階段之中，但它總是由兩部分組成：其一是方法，即那種隱喻性的想像，它能將某種非人類的現象轉化成人類內在經驗的對等物；其二是內容，即那種認為人類身體包含了它所能感知的一切的觀念。這些就是

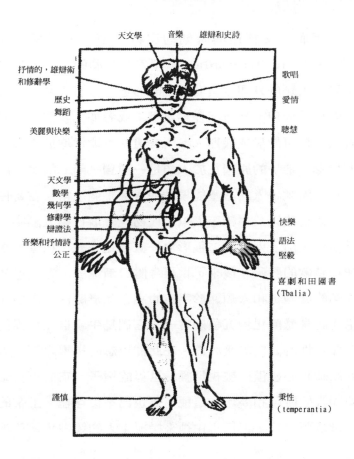

〔插圖2〕百科會書人。選自Geoffroy Tory，Champfleury（1529），
第二卷。

　　古典時期、中世紀的以及文藝復興時期的各種
人道主義所共有的先決條件。方法讚美了人的
心靈。內容讚美了人的境遇。

　　因而，文藝復興時期的皮科・德拉・米蘭多拉
（Pico della Mirandola）讚頌人類身體的偉大，他認
為只有人類的外觀才具有天地的形態，只有人類才既可
能變化為天使，又可能變為禽獸；或者加上我們今天的
說法，還可能變成機器人。所有這些可能性均取決於我
們自身，唯一的原因在於人類是一種獨一無二的體現的
存在。因此，人的心靈能象徵地囊括整個宇宙。在哥白
尼、伽利略以及牛頓等人以現代物理學取代擬人論宇宙
結構學之前，人類的這種形象一直都是宗教、科學、法
律和詩歌的胚胎。後來，世界身體日漸遠去，它變得和
人類的身體，和人類關於宇宙的寓言毫無關係。培根和
洛克將身體簡化剩五種感官──它們是牛頓自然世界的
非歷史性的公開的接收器。在此種思想的指導之下，人
的眼睛和心靈僅僅被視為經驗世界的鏡子，它們不再做
更深入的眺望和夢想，這種需要也已不復存在。上帝的
鐘擺依舊運行，但已不由祂來操縱；人的鐘擺也運行依
舊，但需要教育來推動，因為我們的身體和感官已經變
得僅僅和其他自然物體一樣。布萊克（Blake）站起
來，向洛克的感官說發起了挑戰。他企圖重新恢復那種
具有想像力的身體，因為只有在此基礎上我們才能抵抗
自然主義和超自然主義的雙重進攻。⑱布萊克反對對有
血有肉的身體進行分類解剖，反對血肉之軀的萎縮和腐
化，反對將感官降為罪惡、貞潔和憎惡等理性的觀念，

因為它造成了人類的自我毀滅。哲學家的身體是一個墮落的身體，它是物質性的、透視性的、碎裂化的，它企圖通過對世界和我們自身實施征服而達到統一性。對於世界和我們自己，我們僅扮演旁觀者的角色。「觀看式文化」（eye-culture）削弱了人類的自我意識，把它當作一件被拋出去的、外化的物體予以觀察。自然身體（natural body）將自己減縮為一點，即實在和現在的某物，尤其是性和財富，從而使自己遠離了那位於海神之子（Albion）的想象性的四重身體之內的宇宙：

　　　每一個人都具有四重性。每個人都有四張臉。一面朝西，一面朝東，一面朝南，一面朝北。馬也是

　　　四重

而昏暗的混沌，前後左右上下各方被照亮！被注視

　　　如孔雀

根據人的感覺神經，生命之水的

　　　四條河流

南面為眼神經。東面福河（*Rivers of bliss*）裡為巨鼻神經，漂浮著作為感覺之父的舌。

　　北面是

迷宮式的耳朵。包圍和環切

　　排泄之物

麝香和覆蓋物蒸發成空氣展示出

　　人的面貌

在死亡與再生的永恒中浮出

　　死亡的身體

在靜地之花叢（*Flowers of Beulah*）中

　　喚醒其生命陶醉於和諧

在四種感官中在形式和輪廓中，

　　永遠

對罪孽的寬恕就是自我毀滅。這就是

　　耶和華的盟約

（耶路撒冷，*98*，*12-23*）⑲

　　　把身體自我象徵的作品還原為梅西亞・埃利亞德
（Mircea Eliade）所謂的具有性特徵的世界（the world
sexualized）非常重要。世界的擬人化參考了身體的各
個部位。所以我使用了「性別化的」（gendered）或「家
庭化的」（familied）身體的概念，以便清楚地表明男

人、女人、兒童之間以及前輩與後輩之間通過血緣、地
域和共識聯結起來的親緣關係。這就是社會的第一種身
體——是所有人類文化中尚未開化的身體。具有性別特
徵的身體（the gendered body）不是具有性特徵的身
體（the sexualized）。奧托‧蘭克（Otto Rank）曾
經令人信服地指出，身體的擬人化投射表徵的是對整體
性和同一性而非對繁衍後代的關注，後者僅僅是創世活
動中的一個轉折階段。他說：「有些理論認為，藝術創
造力是性衝動的表達。這些理論其實只是利用了作為被
創造物的人的一個轉型階段來俗化做為創造者的人的觀
念。的確，後一種觀念——正如體現在上帝這個概念中
一樣——只不過相當於創造衝動的客體化
（objectifica-tion）。創造衝動不再滿足於自我的繁
衍，它必須創造出一個完整的宇宙以便使自我有一個安
身立命的場所。」㉑因此，人的肝臟、肚臍、頭、嘴、
脊椎、腸以及子宮都曾經是尋求小宇宙的象徵的源泉。
通過一種迂迴的路徑，即從動物崇拜，從巴比倫到埃及
和希臘再到基督教，發生了雙重轉向——即從微觀來
說，從「下體」（lower-body）文化轉向「頭頂」（upper-
head）文化，從宏觀上講，從大地（terrestrial）文
化轉向天國（celestial）文化。根據這種模式，世界
的呼吸正如身體的呼吸，兩者均秉承肉體和精神兩種本
質，即生命呼吸。希臘文中的psyche和拉丁文中的

anima 都表示呼吸／靈魂，即活活潑潑的、實實在在的
生命。生命來來往往，從下體到上身，最後一直到思想
和理智篡奪了靈魂的位置。按照同樣的方式，世界化身
爲肉體，爲世界的邏各斯，這就是上帝。

　　李維史陀（Levi-Strauss）指出，我們不應僅僅因
爲原始人對於我們關於事物、事件和關係的客觀分類法
（這是科學的立身之本）了無興趣而將我們自己和原始
人區別。㉒初民在對動物、植物、水果以及礦物分類中
所展現出的才能是眾所周知的。尤其重要的是，它是一
種積極的、主動的能力而非那種來源於某些神秘典籍中
的被動知識。這些分類系統顯示出一種對秩序非混沌的
內在向往，以此觀之，原始思維和科學並不矛盾。我們
也不應該被初民們把神聖性、污穢和禁忌等特性等同起
來的做法所欺騙。科學家所尋求的僅僅是歸納的恰當
性。在此，兩者之間幾乎沒什麼不同。**神聖之物之所以
神聖，是因爲它們找到了自己的位置，恪守其規範，而
且不違反或威脅秩序性。**人類如果想要繁榮發展，就必
須關注秩序性。

　　我們必須把原始分類視爲現代科學的先驅。現代科
學的策略就是把感性世界予以抽象化。正是在此感性世
界裡，早期的人類首次發現其自身；而且如維柯所說，
在此感性世界裡，先民們也不得不以感官進行思想。先
民的成就是巨大的，他們製造陶器、紡紗織布、冶煉金

屬、春種秋收、馴良野獸以及制定婚喪嫁娶、生兒育女
的各種儀式等等。先民們需要對其用於生產而又極為匱
乏的資料進行計算和歸類，這便產生了文明的元素，除
此之外，我們不可能設想出其他文明產生的方式。在
此，我指的是藝術、神話和宗教，這些能告訴我們（人
類）曾經有過的秩序創造過程。因此我們不應忽略新石
器時代先民們所積累下來的漫長的科學傳統，它們至今
仍是現代自然科學探索的基礎。李維史陀認為這裡涉及
到的兩種互補的科學探索的區別在於和「感性直觀」
（sensible intuition）或維柯的「感覺心靈」（sensory
mind）距離的遠近：

> 　神話和儀式並非人們長期以來所認為的那
> 樣，產生於人類的「神話創造能力」，這種能力
> 完全漠視現實。它們（神話和儀式）的主要價值
> 在於將一些（原始人）觀察和反思的方法保留至
> 今；這種方法曾經被用於（而且仍被用於）發現
> 某種典範，即說在以感覺材料對感官世界進
> 行抽象組織和探測的開端，自然就被賦予了絕
> 對的權威。這種以具體世界為對象的科學在本
> 質上必然被動地聽命於其結果，這和各種自然
> 科學以預定目標為探討對象的方式很不一樣，
> 因此前者更少科學性和真實性。它們（神話和
> 儀式）產生於一萬年以前，但仍是我們文明的

基礎。㉓

　　神話和儀式遠非人們長期以來所認爲的那樣，這些
感性直觀性藝術，即李維史陀所稱的「零敲碎打技術」
（bricolage）正是促使科學發展的推動性因素，它們遠
不是思想的幼稚期，或者那種隨科學進步而日漸萎縮的
東西。零敲碎打者（bricoleur）沒有固定的材料或工
藝程序，一旦需要便即興發揮用手邊的材料來製造超出
材料限制的產品。零敲碎打者可以雜合使用各種相關藝
術。就他所擁有的觀念模式和工具類別而言，零敲碎打
者完全是獨立的製作者；他能以舊材料做出新產品，這
既利用了材料，又突破了材料的固有局限。神話思維和
科學家思維都應視爲思想的零敲碎打術，這是二者之間
共同的根柢，其意義遠甚於那種認爲二者之間存在著演
變距離的陳腐觀念。只要把現成品給予零敲碎打，他們
就可以從事件中創造出結構，從偶然性中創造出必然
性。而科學家則是先給自然賦予某種結構，然後再從這
些結構中創造出事件。這兩種領域內都出現了作爲模範
或具體而微的人工製品；其中，通過對自然事件和社會
事件的綜合，客觀世界的部分／整體結構得以揭示。另
一種類比是：科學就像是遊戲，它通過強行賦予（遊
戲）的結構而創造出各種具體事件；而零敲碎打術和神
話之間則存在著某種相似性，即它們都把歷史和社會事

件當作是不能毀棄的分散材料，通過重新揉合這些材料，它們能創造出新的結構。

在接下來的章節裡，我想敦促大家通過回顧人類在自我形塑（self-shaping）的過程中所展現出的創造力，從而對世界，自然，社會和人類家庭的未來形態作進一步的思考。換言之，為了有一個可供人類安身立命的未來，我們決不能聽從那些企圖割裂歷史、從而將未來交托給某個自轉齒輪的人士的妄言。對未來技術的精英主義幻想實際上是將人類的未來化約為被動的消費文化中的一個元素，它承諾能給我們帶來無須努力即可享有的健康和快樂。作為一個普通人，即現實生活中的你我他（她），我們應該明白：如果沒有前輩們的努力而積累下的巨大遺產，我們的現代社會以及我們對心靈、身體和政治經濟未來的設計將不可能發展到這個地步。作為平凡人，我們必須不斷回顧自己的文化歷史，正是這個歷史將我們推到了現代主義的前沿。我們必須維繫我們與世界、自然和野生動植物，以及與地球上的各種家庭文化的親緣關係；我們必須認識到，存在於過去和現在的距離，遠小於存在於今天和一個人類已被勾銷掉了的明天之間的距離。

我認為這種信念是存在於擬人論幻想中的深層結構。它既非天真拙樸，也非滄桑感懷。當然，有人可以抓住人類投射（human projection）論中的弱點和不可

避免的謬誤從而得出完全相反的結論。從這個觀點來看，擬人論是那種慵懶的人道主義（nerveless humanism）所犯的最大錯誤，這種人道主義無法存活在一個人跡罕至的宇宙裡。此處的一個悖論是：時下流行於社會和文學領域內的反人道主義（否定人的參與性）與當代物理學的參與性認識論恰恰好是背道而馳的；因為後者早已放棄了它初期階段所堅持的，世界存在著一種鐘錶結構的認識典範。現代物理學在其知識論中已經恢復了那種具體感受式的（embodied perception）、根本的認知功效。「體現的理解者」（embodied knower）和科學知識的對象之間存在著某種合謀性關係，這就要求我們把擬人論看作是現代知識系統中的一個構成性特徵而非人類蒙昧時期的偶像崇拜。對於那些已經認識到現代量子物理學潛在意義的人士而言，復興整體思維的需要十分迫切。㉔當然這樣做便是公然漠視人們對極權主義（totalit-arianism）的謬誤和惡果所發出的大量忠告。但眞正的問題是我們是否應該保持世界身體的思想。在此眞正的敵人是我們已經在北美和歐洲所看到的新個人主義（neo-individualism）（我並非暗示工業化的社會主義經濟給人類未來帶來的危險要更小一些）。同樣具有威脅的是：我們自欺欺人地認為，以對人的勾銷為代價換來的將是一個充滿新奇的未來世界。不管我們走到哪兒，總會聽到這樣的提議：為了使

我們適應一個高科技的未來，我們必須重新設計自己的
生活、心智、情感、行爲以及工作和棲居之地。如果不
然，這樣一種未來社會將迅速地將我們清除掉，或將我
們拋入那些已經處於世界邊緣的人群之中；在機械社會
裡，後一種人備受疾病、饑餓折磨和無家可歸的身體永
遠不可能享受到和平和尊嚴，他們唯一的命運就是被機
器社會所壓制和遺棄。

　　我們已經討論過那種以人的交往性身體言語表達和
生理功能來精心構建宇宙結構的觀念。這種基於世界身
體的構想似乎和一個建基於對自然的工業化征服的社會
相去甚遠。然而，每當人們注意到對自然的控制已走到
了極端（今天我們所面臨的正是這種極端化）時，我們
又會自然而然地懷念起我們和世界身體之間那種親緣關
係──同時也感到我們應當呵護那曾有過的親密無間的
整體性。擬人論的基本觀念要求我們按照保存原則來思
考人類的未來形態，即置自然於生活之前，置生活於社
會之前；置家庭於我們自己之前。爲了遵從這條原則，
我們必須將未來想像爲現在，從而才不會把未來和我們
的日常生活以及根本的道德原則撕裂開來；後者（道德
原則）深深地植根於我們用於相互之間進行善惡評判的
身體的外表印象。正是這個意義上，下面的章節章對我
們未來的走向提供了一個回顧（a backward look upon
our future orientation）。

第二章

社會身體

　　當我們把目光從世界性的身體轉向人類社會這個較小世界的時候，我們驚訝地發現，人們早已按照人類身體的形態來思考個體生命和社會制度之間的關係。李維史陀注意到：「居住在北坎伯利（Northern Kimberley）德萊斯代爾河（Drysdale River）流域的澳洲土著將其親緣關係分為五種（這些親緣關係合在一起便構成了社會「身體」），每一種均以身體的某個部位或某塊肌肉來命名。由於不能隨便向陌生人盤問，於是後者往往藉由抖動其相關的肌肉來表明自己的親緣關係。在這種情況下，社會關係的整體系統（它本身便是整個宇宙系統中的一部分）便同樣被投射到身體結構的層面上。」①

　　我們通常認爲如果社會的確控制了我們，那麼這種控制是存在於我們的心靈而非肉體之中。當然，對於這兩種控制中的任何一方我們都懷有一種極度的矛盾心態。我們寧願認爲我們控制著身體而非被身體所控制——在這種秩序思想中我們卻沒有充分考慮到隱含於其間的政體（國家）因素（關於這一點，下面章節將有詳細描述）。②同樣，我們也意識到社會對我們的控制。但是我們寧願認爲社會對我們身體的作用是理智且在雙方同意下成立的（consensually），而非直接施予，後者暗示著一種被奴役的關係。在最後一章中，我們將考察在現代生命權力（biopower）的運作中，或者對於精神－肉體行爲所作的生物學再定義中所存在的幾個具體問題。但是現在我想要集中討論的論點是：**社會的普遍秩序絕不僅僅是一種認知建構物或一種由規範和條目所組成的抽象系統**（對於這個系統，不管是願意與否，個人必須認同）。但是我自己的觀點是：存在著一種社會的體現邏輯（embodied logic）或者一種社會構成成份的體現邏輯，這一邏輯構成內在於公共生活的深層交往結構。

　　因此，我提議我們的兩種身體——交往性身體和生理性身體間建立一種明確的、涂爾幹式的相互關係。對於社會組織而言，這種方法的基本特徵是將其成員對身體的態度、功能及關係的分類看作是可以在社會中了

解、並被社會所認可的公共身體之「社會邏輯」
（socio-logic）的體現。在羅伯‧赫茲（Robert Hertz）
對右手的研究中，清楚地闡述這些論點。③就我們肉眼
所見，左手和右手幾乎沒有什麼不同。然而，眾所周知
的是，我們的雙手使用是非常不同的；我們對於左手的
態度是忽略、避免、貶抑，而對於右手，我們總是表現
出更多的青睞，恨不得將所有特權加諸於右手。我們每
個人都能想像出爲了不同目的而賦予左右手不平等地位
的例子——例如在問候禮節或婚禮儀式上，當然在各種
具體的情境中會有各式各樣的變化。但是人們或許會把
這種現象整個地當成愚昧的迷信而否定，或者用一點科
學頭腦的知識，對其作出迅速的解釋。後一種情況涉及
到大腦所存在的最根本不對稱的現象：大腦的左半部負
責控制右手的活動。在這種情況裡，如同許多其他社會
學現象一樣，所爭論的問題還是社會現象本身。令人吃
驚的是，那種認爲我們所面對的現象是迷信而非科學的
微辭恰巧是正確的，儘管它們的目的是將科學當作解釋
關鍵而予以捍衛。從另外一方面來說，我們也完全可以
承認（大腦）器官不平衡這一基本現象。大多數的人是
右撇子，只有相對而言屬於極少數的人是左撇子——我
們也許會說，他們天生就是這樣的——還有好些人是雙
手並用，即雙手都是可以馴化。然而，這些事實並不足
以解釋爲何社會上絕大多數的人喜歡用右手而不是左

手。簡單來說，存在著一種普遍的二元論象徵主義，其中左手和右手（之間的二元對立）也被歸納進去，並成為了世界等級秩序的一部分。赫茲寫道：「作為小宇宙的人體怎麼可能擺脫放諸四海而皆準的二元論法則？在社會和宇宙中總是存在著兩個面向：一個是神聖、高尚和珍貴的，而另外一個則是世俗和普通的；一個為陽性，它強壯、活躍，另外一個為陰性，它柔弱、順從；或者用兩個簡單的字概括來說，就是右和左——難道單單是人類身體的生理結構才具有對稱性嗎？稍微想一想我們就會知道，這是不可能的。如果存在著這樣一種例外的話，那麼它就不僅是一種無法解釋的畸變，而且還可能毀掉精神世界的一整套結構體系。」④對於世界身體的象徵論，我們已經給予相當多的關注，因此對於它和右手的關係我們毋須贅述。我們很容易理解人們為什麼對他們身體的兩側分別賦予強壯和柔弱、高尚和卑賤、好運和厄運等特質，並且還將這種特質判斷應用於男性和女性的身體之上。附帶一說，這種品質分類的不公允性不在於將一方強加到另一方身上；其實雙方互為依存，缺一不可。公允性存在於性別化部位間的互補性；邪惡只存在於系統的紊亂中。這種設計體現在末日審判（the Last Judgement）的圖景中：上帝舉起右手為選民指往天國之路，他下垂的左手則是指向受懲罰者被發配的地獄之門。因此，通常右手祈禱，右手先踏

入聖地，右手舉起訂婚戒指然後戴在左手手指上；而左
手通常用來起誓、祝福、攔車。在所有這些情況中，右
手傳達的訊息是，世界右半區所蓄有的是美好、祈福和
給予生命、保存生命的力量。在這種象徵論觀點看來，
左邊、左手，甚至政治上的左派只要想要尋求對右邊的
統治，就會擾亂公正和善行（秩序）。此外，如果我們
在策略上表示出對左右距離的搖擺不定，它難道不正說
明我們對生命中的善惡平衡仍懷有一種深切的嚮往嗎？

　　從此類比出發，我要論證的觀點是：正如我們以自
己的身體思考社會一樣，我們同樣以社會來構思自己的
身體。為了闡述這一觀點，我將利用瑪麗‧道格拉斯
（Mary Douglas）大量的研究成果，⑤因為她的研究不
僅闡明了個人和社會結構之間的身體關係，而且還有助
於我們理解心理學和社會學關於身體行為分析所得出的
相關性結論；否則，我們可能會將其視為徹頭徹尾的生
物心理學（研究）。因此，在所有的社會裡都存在一些
關注身體穢物的奇特行為。有時候是身體的某些部位，
或者是身體的某些功能，或者是整個身體全部，或者是
身體的類別──被視為是純淨之處或污穢之源。在一般
情況下，我們只是保持身體清潔；但為了某些特殊的目
的──如約會、面試、葬禮、或自己的婚禮，我們一般
要對身體作特殊的沐浴和洗滌。我們總是留神避開自己
的穢物，將它移出我們的視線外，就如同對待他人的穢

物一樣。此外，對於穢物就像對於其他許多與身體有關的東西一樣，我們關切的，與其說是生理意義上的，毋寧說是道德意義上的，瑪麗・道格拉斯注意到：

> 如果我們能將致病力（pathogenicity）和衛生學（hygiene）從我們對污穢的觀念中抽離，那麼剩下的將是關於污穢（一種位置錯亂）的舊定義。這個方法非常具有啟發性。它暗示了兩個條件：一整套有秩序的關係以及對這些關係的違反。於是，污穢便絕不是某種獨特、孤立的事件。有污穢的地方就有系統。穢物是一套對物質的分類和系統秩序排列後所產生的副產品，即為此秩序所不容的不適當成份。這種污穢觀將我們直接帶入象徵論的領域並且迅速地與關於潔淨更為明顯的象徵性系統聯繫起來。⑥

　　食物該去的地方是嘴；但是當我們咀嚼時露出了食物或將食物沾在下巴上時，它們便顯得令人噁心。邋遢的進食者往往不見容於社會和道德習俗——他們常常被人恥笑為豬玀或沒有教養。在此，我們再一次看到；身體並不僅僅是一種生物學式的存在；因此，進食也不僅僅是補充身體所需的能量，如果是的話，進食就幾近於被飼養——那麼麥當勞則是比馬克西姆（Maxime's）更

恰當的飼養場。當然，作爲人就必須進食。但是爲了恪守社會和道德習俗，他們必須吃得人模人樣——即吃的方式要符合他的種族、種姓（caste）、階級、宗教以及年齡等身份，而不是——比如已經是成人了——還像牲畜、野蠻人、異教徒或嬰兒一樣進食。

由此觀之，我們對於《聖經》中原本令人迷惑不解，關於進餐準則的規定以及《利未記》中對某些動物所表示的厭惡，將有更深刻理解。我希望藉此表明，這實質上展示了我們自己的飲食文化：

　　耶和華對摩西、亞倫説：你們曉喻以色列人説，在地上一切走獸中可吃的乃是這些：凡歸分兩瓣、倒嚼（即反芻——譯注，下同）的走獸，你們都可以吃。但那倒嚼和分蹄之中不可吃的乃是駱駝，因為倒嚼不分蹄，就與你們不潔淨。沙番，因為倒嚼不分蹄，就與你們不潔淨。兔子，因為倒嚼不分蹄，就與你們不潔淨。豬，因為蹄分兩瓣，卻不倒嚼，就與你們潔淨。這些走獸的肉，你們不可吃；死的，你們不可摸，都與你們不潔淨。

　　水中可吃的乃是這些·凡在水裡·海裡·河裡，有翅有鱗的，都可以吃。凡在海裡、河裡，並一切水裡遊動的活物，無翅無鱗的，你們都當以為可憎。這些無翅無鱗以為可憎的，

你們不可以吃它的肉，死的也當以為可憎。凡水裡無翅無鱗的，你們都當以為可憎。

雀鳥中你們當以為可憎，不可吃的乃是：雕、狗頭雕、紅頭雕、鷂鷹、小鷹與其類；烏鴉與其類；鴕鳥、夜鷹、魚、鷹與其類；鴞鳥、鸕鶿、貓頭鷹、角鴟、鵜鶘、禿雕、鸛、鷺鷥與其類；戴勝與蝙蝠。

凡有翅膀用四足爬行的物，你們都當以為可憎。凡是有翅膀用四足爬行的物中，有足有腿，在地上蹦跳的，你們還可以吃。其中有蝗蟲、螞蚱、蟋蟀與其類蚱蜢與其類。這些你們都可以吃。但是有翅膀、有四足的爬物，你們都當以為可憎……

凡在地上的爬物是可憎的都不可吃。凡用肚子行走的和用四足行走的、或是有許多足的、或是有許多足的，就是一切爬在地上的，你們都不可以吃，因為是可憎的，你們也不可因什麼爬物使自己成為可憎，也不可因這些使自己不潔淨，以致染了污穢。我是耶和華你們的神，所以你們要聖潔，因為我是聖潔的。

這是走獸、飛鳥，和水中游動的活動，並地上爬物的條例。要把潔淨和不潔淨的，可吃的與不可吃的活物，都分別出來。

《利未記》11:1-23，41-45）

　　這些規則的意義在相當長一段時間裡困擾著《聖
經》學者們。一般來說，這些規則或被視爲無意義
（僅用於訓誡目的），或被視爲與善行和美德有關的寓
言。但無論哪一種可能性都無法清楚究竟是什麼決定了
潔淨和污穢動物之間的分界線，儘管有的例子的確符合
衛生學常識。寓言論解釋僅僅相當於一個篤信的評論——
——就如同菲羅（Philo）發現只有長有鰭和鱗甲的魚才
是可以接受的（因爲這些魚象徵著堅韌和自我控制），
而那些沒有鰭和鱗甲的魚則被激流沖走，因爲它們不通
過祈禱來抵抗流水並昇華自己。然而，當我們充分注意
到一些不斷重複的命令時，便得出另外一些解釋；這些
命令一般都伴隨著對某些東西的排斥，如動物、生產
（嬰兒）、麻瘋病、皮膚病以及身體的性分泌夜，一句
話，這些命令要求人變得聖潔：「我是把你們從埃及地
領出來的耶和華，要做你們的神，所以你們要聖潔，因
爲我是聖潔的。」（《利未記》11:45）

　　接下來，我們必須在神聖性和厭惡之物間尋找某種
聯繫。上帝最根本的工作就是創造秩序；只有在此秩序
中人的事業才會興旺發達——他們的女人、牲畜和田地
才具有旺盛的生產繁殖能力；他們的敵人、說謊者、詐
騙犯和墮落者才能被管束或消滅。聖潔的人遵從上帝的
秩序，因而他也會得到上帝的賜福。違反上帝的秩序就

面臨著失去祂的賜福並且遭受由此而來的懲戒的危險。因此上帝創造的秩序內的任何一件物品都必須各安其位而不能出現雜交、混交、反常等現象：「不可與男人苟合，像與女人一樣，這本是可憎惡的。不可與獸淫合，玷污自己。女人也不可站在獸前，與它淫合，這本是逆性的事。」（《利未記》18:22-23）所以，**所謂神聖便意味著保持《創世記》中的等級秩序**，它規定了判定肉的潔淨的法則。爲了保持以色列和上帝、大地、牛群以及上帝之子民之間的契約，以色列人被告誡不許揉雜，混淆乃至擾亂大地、河湖和天國之間的分類秩序。按瑪麗‧道格拉斯所說（見揷圖3）這種秩序體現爲下列模式：

（1）動物按其神聖性程度被分類歸屬；有的屬於令人厭惡之類，有的適合上餐桌，但不適合上祭壇犧牲。這些神聖性程度的分類適用於棲息在水中，空中和陸上的所有動物。

（2）只有馴養的家畜才有資格作獻祭犧牲。於是，圖示（a）中的陸生動物，以及長有分叉蹄掌的，反芻的四足動物適合上餐桌（b），其中，馴養家畜是獻給祭司的首選之物（d）。其餘的動物（即處於兩個範圍之間的，或具有雜交形態特徵的）則代表令人厭惡的種屬；至於那些跨越所有種屬的（如蜂群）則屬於最令人惡心之類。

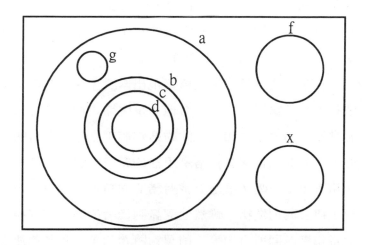

〔插圖3〕陸地上的動物（a）用四隻腿爬行或跳行；（b）適合上餐桌；
（c）家禽家畜；（d）適合上祭壇；（f）令人厭惡之物：不符合（a）
類標準；（g）令人厭惡之物：不符合（b）類標準；（x）令人厭惡之
物：蜂群。選自瑪麗‧道格拉斯，"Deciphering a meal"，Ecol-
ogy in Theory and Pactice，ed.Jonathan Benthall，ⓒThe
Institute of Contemporary Arts 1972，by permission of the
Institute of Contemporary Arts.

　　現在我們可以來追溯一下動物的分類是如何在維持
以色列人和其近鄰種屬間的隔離中發揮功用，普通的飲
食習慣就能將以色列人和外來人區分開來，它在猶太人
和非猶太人間劃定了政治以及宗教疆界。關於他們和其
他種族的橫向關係（syntactic relations）還有比這
個更具體的禁令嗎？珍‧索勒（Jean Soler）認爲，對
摩西法典的理解必須和《創世記》中關於人食物的敘述

聯繫起來⑦：「神說，『看哪，我將遍地上一切結種子的蔬菜，和一切樹上所結有核的果子，全賜給你們做食物』。」（《創世記》1:29）

　　在第一次創世中，天國呈現出素食主義的傾向。上帝將不朽留給了自己，只有他才是生命之源，因此人不能掌握生命。上帝和人之間的區別體現在他們各自的食物中。只有上帝才有資格享用活的獻祭。那麼人又怎麼能夠烹牛吃肉呢？這是上帝對諾亞的豁免，因為上帝拯救了自己的創造物，雖然他認識到後者的暴行和謀殺。上帝和摩西間所訂的第三個契約將希伯萊人和其他種族分別出來；正是在此我們發現安息日的分居間（隔離）、割禮、以及潔淨與不潔淨動物之分，它們共同構成了一個象徵系統，其功能在於保持猶太人的宗教和政治身份。關於血的禁忌尤其被強化，其目的在於保證祭司用以獻祭的屠宰流血行為必須是寧靜祥和，從而才能得到上帝對屠戮行為的寬恕。另外，用於獻祭的動物必須是草食性而非肉食性，好像動物們也恪守著屠殺禁令一樣。《創世記》開篇就有這樣的描述：「至於地上的走獸和空中的飛鳥，並各樣爬行的地上有會生命的物。，我將青草賜給他們作食物。」（《創世記》1:30）索勒論述道，是：「分叉趾蹄」將食草動物和長有利爪的棲居在空中或陸上的食肉動物區分開來。潔淨動物還有另外兩個特徵，即長有「分趾蹄」以及有「反芻」

習性。但後一種現象將豬排除在外，因爲儘管豬也長有
分趾蹄，也有食草性，但它們同時又具有食肉性。關於
野生草食動物還有些尚不能確定的地方，所以「分趾
腳」被特別加以強調；這一原則從潔淨動物目錄中排除
了一些處於半野生半馴化狀態中的動物如駱駝、野兔、
馬以及驢，雖然它們也都是食草動物。即使這樣，有資
格作犧牲的潔淨的馴養的動物還必須是同類中最完美
的。有缺陷或污點的動物——或人——都不能參加神聖
的獻祭儀式。根據同樣的強調整體性、身份和神聖性的
邏輯，在廚房裡或床上任何物品就必須保持井然的秩
序，不能混淆。索勒寫道：

　　這很顯然對《聖經》中最神秘的禁令作出了
解釋:「（你）不可用母山羊的奶煮山羊羔。」
（《出埃及記》23:19，《申命記》14:21）對這些
話我們必須緊扣字面來理解，它們關涉到母親
及其幼子間的關係問題。它但可以被翻譯如下:
你不能將母親和其子女放在同一個簍筐裡，正
如不能將他們安置在同一張床上一樣。在此以
及其他任何地方，重要的是保持兩個等級或兩
種關係的分離。在性行為或烹飪行為中違反這
種類區分就等於顛覆了整個世界的秩序。每一
個人只屬於一個物種，一個種族，一種性別，
一個種類。同樣，每一個人只擁有一個上帝:

「我，唯有我是神，在我之外並無別神。」（《申
命記》33:39）這一秩序的核心問題就是身份原
則，它內在於每種生靈所遵循的法典之中。⑧

　　讓我們回到瑪麗‧格道拉斯的分析。我們能清楚地
看到，種屬的純潔是如何轉喻性地（metonymically）
被再現在人和動物的純潔性之中。通過某些純潔性儀
式，猶太人將自己和他們的動物區分或聯結起來；經由
同樣的方式，猶太人將他們自己和其他種族的人及其動
物區分開來。所以，第一個出生的兒子和第一批出生的
牛羊都被用作聖禮中的獻祭：這是將一種人、一種動物
和其他人、其他動物區分的標誌。作為第一批的以色列
人，利未人（Levites）是判定純潔性的法官；在利未
人自己當中，只有那些沒有污點或缺陷的人才能進入
「至聖所」（the Holy of Holies）——即處於人和上帝
之間的嚴格密封的祭壇。猶太人的飲食原則可以被認為
是維柯所謂的一首「純潔素樸的詩」，它表明了一個民
族在政治上的自我維護和自我封閉行為；他們追尋的聖
潔性標誌著他們求生存繁衍的堅強意志。
　　關於猶太人（以及穆斯林）為何不吃豬肉我們還能
作出更多的解釋嗎？事實上，關於豬的分類地位——以
及一種完全不同，將豬視為蛋白質的方法，我們還有很
多問題需要解答。仍以《利未記》第11章第18節為例。

豬是一種不潔淨的動物──就像野兔、蹄兔以及駱駝一
樣，它也是令人厭惡之物。這些動物之所以是不潔淨，
只是因為它們沒有分趾蹄，也沒有反芻能力。尤其重要
的是，豬是唯一一種有分趾蹄但不反芻的陸地動物。⑨
受到一些學者的批評後，道格拉斯漸漸認識到，由於畸
形既使人噁心又可能使人產生敬畏，對動物分類學的理
解最好將有關居住和婚姻的社會準則聯繫起來。像涂爾
幹一樣，我們可以把自然的分類界限設想為像社會系統
的疆界（前者隸屬於後者）一樣是可滲透或不可滲透。
⑩社會疆界受婚姻準則（以及其他一些準則）的調節─
─如族外婚法則和亂倫禁令──其目的在於認可接納一
些非族內人為其親屬。以色列人並不禁止第一代表親通
婚，這意味著與外族通婚──如與同為以色列人的其他
家族、部落、或是與非以色列人的外國人通婚相比，族
內婚更受歡迎。由於長期受到敵人的包圍，猶太人一直
為異族人的問題所困擾，尤其當撒馬利亞人（the
Samari-tans）也自稱為以色列人之後，這一問題變得
尤為突出。猶太人可以和戰俘成婚，他們也已經吸納了
迦南人。和異族結婚得冒風險，這種風險包括吃他們
（異族人）的食物；在這種情況下，婚禮祭祀用的牲禮
就有可能是豬而非駱駝或野兔。就像堅持固守自己歷史
身份一樣，猶太人也固守著耶和華的身份，以及他們對
潔淨與不潔淨的動物分類。道格拉斯總結道：「似乎每

當一個民族意識到自己面臨侵犯和危險時，那些控制著
何種食物應該進入身體的規則，便成為其瀕臨危險的文
化內容時的生動寫照。」⑪

　　在此，我們獲得一個關於社會邏輯（socio-logic）
組織的好例子，這種社會邏輯構成政治身體（國家）概
念的基礎，下一章我們將追溯後者的總體發展史。但在
此之前，我們將先來討論一下對道格拉斯關於豬的分類
學和政治史所作的分析所發出的挑戰之辭，這個挑戰是
更為直截了當的唯物主義式。在大量直接或間接回應道
格拉斯狂風暴雨式的文章中，值得一提的是馬爾文‧哈
里斯（Marvin Harris）的觀點。哈里斯所思考的問題
是廣泛存在於猶太人和穆斯林當中，對於豬的愛／恨情
結；這種情結使得他們嚐不到烤豬的濃汁美味（蘭姆的
散文對此美味津津樂道，將其描繪得繪聲繪色），這也
使得他們失去了一種極有效率的蛋白質加工者：⑫

　　　　對於豬的禁忌廣泛存在於舊世界（Old
　　World）遼闊的遊牧區域裡——從北非到中東一
　　直延續到中亞。但在中國、東南亞、印度尼西
　　亞以及美拉尼西亞（Melanesia），豬曾經是而
　　且一直是蛋白質和脂肪的重要來源；這種情形現
　　在也存在於現代的歐洲和西半球。在舊世界廣
　　大的遊牧區內以及一些與之相鄰的河谷地帶存
　　在著豬禁忌這一事實表明，《聖經》中的禁忌一

定是某種適應性的反應;這種適應性反應的價值
只有在一個廣大的地域裡才能體現出來,因為
在這一地域裡,隨著一些古王國和古帝國的盛
衰,引發了生態的強化和衰竭,從而便頻繁地
出現生態位移現象。⑬

　　哈里斯認為,隨著古王國的相繼興起,便產生大量
增加人口的需要:在這種情況下,人們就有必要將獲得
食物的方式從飼養豬、綿羊、山羊和牛(主要獲取肉
食)轉向農耕方式。於是人們便縮小牧場,擴大農地,
用以種植小麥、燕麥以及其他農作物。在相同的投入情
況下,農作物所提供的大量熱量大致上相當於動物肉的
十倍。簡而言之,哈里斯認為,人們曾經作出決定:以
種植農作物來供養人口;放棄肉食動物牧養的生產方式
(因為它回報率比前者低)。此外,馴養性動物的用途
也隨之改變:它們現在已變成以奶製品為主要的蛋白質
的來源,而不再是以吃肉為主要的蛋白質的來源。這可
能是一種理性的(轉換)策略,但哈里斯同時又指出,
考慮到最基本的氨基酸攝取量,這種轉換導致的另一個
後果就是降低營養、健康體力的標準。此外,他又進一
步指出,除了提供肉蛋白以外,豬基本上沒有其他用
途;儘管它產生的熱量是同等份量牛肉或雞肉的三倍,
但作為最先被馴化的物種,豬的飼養非常昂貴,以至於

它已不可能引起任何宗教禁忌。對豬的營養價值觀的改觀，在很大程度上源於草場和森林之間的比例改變，後者能提供塊莖、樹根、水果以及堅果之類的食物，豬能十分有效地將這些東西轉化成肉蛋白。哈里斯還指出，除此之外，森林還能給豬提供遮蔭的場所，因爲豬不能由排汗的方式來調節自己的體溫（事實上豬打滾是一種類似的排汗方式）。⑭以色列人到達巴勒斯坦後，他們便迅速地將猶太山和撒馬利亞改造成草場。結果，養豬業變得十分昂貴（儘管它有很多誘人的好處）。於是，把豬視爲不潔的禁忌進一步強化了避免大規模圈養豬群的需求，因爲飼養後者需要追加大量的穀物，而人們對穀物的能量消耗則更有效一些。

　　哈里斯認識到，這種唯物主義式的解釋裡面尙有一點疏漏。如果人在本質上就是經濟論者，爲什麼在養豬業存在著明顯低效率的情況下，還有那麼多人仍然在養豬？爲什麼貧困的愛爾蘭人需要過素食的「禮拜五」，而他們很容易就會發現魚是一種極便宜的蛋白質來源？⑮於是他論稱，投資／利潤原則同樣適用於其餘不潔淨的動物，因爲它們的資源有限，只有通過狩獵才能獲得。由於畜牧者並不擅長漁獵（通過這種方式他們只能得到很少的肉食），於是《利未記》中所記載的宗敎禁忌表明了這樣一個事實：其作者是經濟論者而非醫生或分類狂（classificatory maniacs）。哈里斯沒有將豬

禁忌處理成以色列人對分類學和宗教身份所獨有的重視，他總結道，豬禁忌以及其他所有類似的奇風異俗都只能被理解成（人們）對不斷變化的食物環境所作出的經濟論反應：「一方面，動物蛋白的來源日漸枯竭，而另一方面，活人獻祭和同類相食（這是一種獻祭的演化）以及對某些動物肉的禁忌開始流傳。這兩者間的關聯表明，和精神信仰相比，對物質的投資和利潤的考慮才是首要的誘因，這點不會有錯──雖然並不一定總是這樣，但幾乎可以肯定的是就我們所討論的問題而言，它是無懈可擊的。」⑯

　　要平息這場爭論，我就必須把問題帶入結構主義對人類以及動物和食物的分類法的軌道上來。我只以最簡單的方式來引用結構主義的方法，目的只是為哈里斯的論敵，馬歇爾・薩林斯（Marshall Sahlins）提供一種論述背景，而不是想要把大家帶入李維史陀的思想迷宮去。⑰在哈里斯的觀點中，我們似乎可以發現一種具有馬克思主義人類學特徵的唯物主義立場。然而，正是馬克思主義文化人類學的名義下，薩林斯反駁，哈里斯的錯誤在於將實踐理性化約為純粹的精打細算。我們關注人們及其食物間的關係。也許我們可以將這種關係設想為由純粹的生物經濟學所決定。人類對飲食的需求並不只是補充他們在覓食中所消耗的能量，食物和吃唯一的意義即在於此。人和動物間的區別似乎在於我們吃飯

（eat）它們吃飼料（feed）。關於可食性與不可食性食物存在著社會約定俗成的分類（我們大多是通過受教育而習得的），另外還有一大套精細的食物烹飪制度和食用規則也考慮到這些現象，哈里斯的投入／利潤說就顯得不足道了。的確，任何功利主義對消費者追求健康、美麗、性感以及自我肯定的努力都難以作出滿意的解釋。毋寧說，功利主義或唯物主義只是一種意識的形式，資產階級社會便是藉此掩蓋了自己非理性的經濟組識。關於這一點，我們將在第四章中討論。

在經濟生產中和消費領域內流通的象徵價值（Symbolic values）不能被減縮為一種只注意效率的實用主義邏輯，因為它掩蓋我們勞動並消費於其間的更宏大的文化組織（cultural economy）。為了揭示問題本質，薩林斯借用道格拉斯、埃德蒙·利奇（Edmund leach）以及李維史陀的觀點（其主旨我們已簡要討論過），從而提出自己關於形成美國人飲食習慣的文化優先論。⑱肉食是美國人食譜中的核心部分。尤其牛排成了（美國）男人必不可少的食物。回想一下美國歷史：艱苦的牧場勞動，牛仔和印第安人傳奇，這些東西曾構成美國人半遊牧者半城市人的生活方式。美國人喜好肉食，如牛排、漢堡、豬肉以及火腿之類；但他們不吃馬肉和狗肉。和法國人不同，在某種程度上美國人並不飼養馬和狗；毋寧說，他對馬和狗的精心奉養程度就像在

喂養自己一樣。有時候他們全心全意給這些寵物的關愛
甚至超過自己。如何解釋這些奇特現象？我們需要再一
次參考一些相反意見。眾所周知，美國人是世界上最忙
碌的人；他們集體地消耗和生產大量的能量，大至水
力、電力、石油、小至個人所需的蛋白質。美國人的身
體好像一座能量工廠，它生產著健康、力量、青春、歡
笑、性和滿足。自然地，美國人的食物便服務於所有這
些生產目的。儘管速食生產線所供應的速食有營養不良
的一面，速食仍然是美國人的基本食物。換言之，美國
人在吃的方面花太多錢，顯得太過奢侈；於是當他們抬
起頭來打量其他人時，便認定那些不與他們吃相同食物
的人是窮人、失敗者、懶惰蟲或病漢，要不就是視那些
以素食為主，以中庸平和為人生之道的人為脫離主流的
異端。肉食作為美國人生活方式的支柱，它所代表的就
是美國人的強悍體魄和勤勞精神。

　　沿著里奇的思路，讓我們來看一看被馴化的動物系
列——牛、豬、馬、狗（它們被認為組成了一條可食性
遞減的鏈條）——是如何在一系列社會關係（這些社會
關係代表共有性和共生性程度的遞減）的背景下被勾勒
的。⑲值得注意的是，在可食性與不可食性動物間存在
著非常明顯的分界線；同樣，在可食性類屬的內部——
如牛肉和豬肉——以及動物的「肉」和「內臟」之間，
也存在著明顯的區分。換言之，美國人的食物禁忌是馬

和狗，對於內臟更感到噁心。他們的飲食觀何以會是如此？按照里奇的觀點，美國人的食物禁忌與他們和馬、狗的親密關係有關：他們給馬、狗取名字，與它們做朋友，甚至溺愛它們。在這方面，牛和豬則不那麼通人性；所以它們的肉甚至不如內臟，並非動物精華，可以心安理得的吃。這樣就保持了人和動物間的界線，雖然有時出於日常需要也有可能偶爾違反。這條界線反過來又被運用在社會經濟領域中：上流社會的人比下層社會人有更多的錢吃牛排；窮人，尤其是黑人只有被迫吃「廉價部位」，尤其是內臟。

我們能夠以身體來重新構思社會的基本形態嗎？或者說，我們是否陷入一系列分類系統，我們反而在其中被它們所建構？為了最終能解答這些問題，我準備考察肉食在美國經濟中所占據的象徵性地位。一種普遍看法是，美國人是世界上吃得最好的人。正是（部分地）出自這種傳統看法，美國人以提供其他地方忍飢受餓的人食物和穀物的方式來支付他們的慈善情感。事實上，美國人的奶製品傾銷和蛋白質神話（protein myth）對那些農業不發達的社會產生了極大的跨國影響。⑳其實，在食品方面，一如在其他任何美國經濟引以自豪的產業內，美國已經不再是自給自足。一個可怕的現狀是：美國享用了西方世界從營養不良（至經常挨餓）的第三世界國家所淨進口（net importation）的蛋白質。地理

學家和食品專家喬治‧博格斯通（Gorge Borgstrom）
寫道：「通過（進口）油籽（如花生、棕櫚核以及椰子
仁等）、油籽產品以及魚肉，西方世界從飢餓地區攫取
的蛋白質總量超過了它以穀物形式輸出給飢餓地區的蛋
白質總量，其超出總額達到100萬噸。換句話說，西方
世界用300萬噸的穀物蛋白質換取400萬噸的其他蛋白
質，後者的營養成份均超越前者。」㉑

　　更令人驚奇的是（美國人）生產過程的性質──這
種性質激起美國人對肉類的激情：無論在家中、餐館、
還是在速食生產線上，肉都是食譜核心。這一循環始於
由於使用基因種子、化學肥料和殺蟲劑而帶來的穀物生
產力的巨大增長。在此我們省略了這個（生產）程序對
健康所帶來的危害，因為相關的問題要留待最後一章關
於醫學身體的討論來探究。美國人十分聰明地出口穀
物、消耗食品、向國外傾銷乳製品，但他們所放棄的是
美國穀物而不是美國小牛肉。為了把植物蛋白轉化成為
肉蛋白，每向餐桌上提供1磅小牛肉平均需要消耗16
磅穀物、豬要消耗6磅穀物、火雞4磅、雞3磅、牛奶
1品脫。或者，讓我們換一個角度來觀察這個問題：1
英畝穀物提供的蛋白質超過了1英畝供肉食生產用途的
土地所提供的蛋白質的5倍；1英畝蠶豆、豌豆、或小
扁豆（的蛋白質含量）超過（當量土地所出產的肉蛋白
的）10倍；如種植闊葉植物則能提供15倍的蛋白質總

量。美國的小牛養殖業是效率最低落的蛋白質生產工
廠！

　　此外，爲保證肉食在美國食品市場上充滿神話色彩
的吸引力，就必須保持其食品工廠不停地運轉──美國
人像處於生產線一樣，被迫消耗大量穀物、大豆、奶製
品、魚肉和麥芽等，這要求荷爾蒙的增加和抗生素的使
用──其結果便是美國消費者的健康受到威脅。《一個
小行星上的飲食談》（Diet for a small Planet）一
書作者注意到：

　　　　除去奶牛不算，在美國，糧食轉化成牲畜的
　平均率為:7磅穀物和大豆能出產一磅食用肉。
　（註:這只是一個平均值:相對而言雞肉的可轉化
　率最高，小牛肉最低。）按照這一估算，1971
　年我們用於飼養肉牛、家禽和豬的穀物和大豆
　達到了1.4億噸，其中只有17%，即2000萬噸
　被轉化成我們的肉食。剩下大約118億噸的穀物
　和大豆變成了人類消費所不能企及之物。儘管
　我們領導著世界穀物和大豆的出口，但在飼養
　牲畜中所「丟失」的巨大數量糧食是我們眼下出
　口量的兩倍。這一數量足以用來（在該年度全
　年）供給全球每人每天一杯煮熟的穀物！㉒

　　顯然，我們所吃與所不吃的構成了我們是什麼。同

樣的結論也適用於社會。我們所思所慮的每一種方式都
表明，我們的身體具有社會性，然而正是處於社會中的
身體才是我們自己最親密、最私有的財產，在此世界
上，有人正在挨餓，而有的人則爲肥胖發愁。同時，
「烹調指南」、「食譜大全」之類的書刊泛濫成災，人
們稱之爲「腸胃色情讀物」（gastro-porn）。㉓它們把
一些都市唯美主義者帶入新鮮疏菜和新鮮水果的田園夢
幻之中，並且把紐約和普羅斯旺斯（Province）、道德
和顛狂、節儉和揮霍等等全部攪和在一起。這些書刊營
造出一個情感共享的世界，其吸引力只有「性學手冊」
之類的書籍堪可媲美，後者的隱喻也在其「烹調技
法」。需要指出的是，兩者都是唯我論藝術，都是關於
自我的田園詩——其中，充滿血肉親情的家庭被徹底消
解。

　　在這一章裡，我試圖表明兩種社會秩序（每一個都
是肉食關注型）是如何與不同的政治經濟和宗教秩序相
聯繫。在聖經中的猶太教 （biblical Judaism），宗
教和政治通過聖餐強化其生存意志。在北美，越來越快
的速食業以一種圖騰式的餐飲方式強化了美國人的勤勞
和堅韌。我曾經指出，我們應該按照世界的食品經濟來
重新思考我們的飲食文化。我們還必須從食物的流通過
程——從農場到工廠、倉庫儲存、家庭、餐館——入
手，來培養起一種指向我們健康習慣的批判意識。現

在，食物對我們健康的威脅已得到了廣泛的關注。我們
每個人都必須對此有清醒的認識。我們的家庭、學校以
及傳播媒體必須就這些問題教育我們的兒童、青少年以
及新組成的家庭。這項工作不可能寄望食品公司有「面
對家庭」的意願。我們必須堅持的一點就是，家庭應當
是一個有思考能力的身體，其公共意識只有以各種實際
手段，在各種健康的社會裡才能得到培養。隨著本書論
述的開展，我將要提出更進一步的主張，其目的在於代
行家庭化信息的（familied intelligence）批判性功
能和籲求天職。

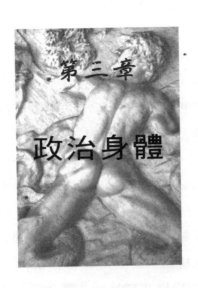

第三章

政治身體

　　每種政治共同體都必須找到一種表達其信仰的象徵性語言，這些信仰關涉到其來源、基礎以及有可能對其成員的正常行爲所構成的潛在威脅。於是在我們對人類社群的秩序性和無序性的反思中便一再出現政治身體（body politic）。從古羅馬時代到庶民脫離運動，60年代的街壘政治，再到今天的反核運動，身體一直在爲我們提供一種語言和政治的文本，藉此我們能對抗和反擊那些支配我們的非人性因素的力量。我將要爲之辯護的是關於政治身體的修辭概念不同於那種將政治視爲管理科學的觀念，其不同之處在於：前者能被用來極大地強化公民民主的溝通性能力（the communicative com-

petence of citizen democracy）。迄今為止，理性
算計（calculative rationality）一直控制著社會秩
序的生產與維修，它同時將那些關於社會秩序的另類構
念（alternative conception）貶斥為烏托邦和非理
性。然而，管理理性（administrative rationality）
的壓抑性功能已不可避免地導致危機的出現；於是它開
始為自己尋求一種新的政治象徵語言——這一追尋的合
理性只有通過分析古典思想中關於政治身體的觀念才能
顯現出來。政治身體是我們政治生命中的基本結構，它
為那種處於深刻的社會結構性危機、飢餓以及異化時代
中的終極追求提出基礎：在這個時代裡，人們深感有必
要重新恢復政治權威和社會共識之間的那種首要性關
係。我們之所以籲求一種與身體有關的邏輯，其目的在
向當今處於霸權地位的技術型和官僚型知識構成，重新
鑲嵌一種關於人和家庭的**生命知識**（bio-knowledge）
常識，否則，個人和家庭的生活將被現代大公司經濟及
其治療型國家（therapeutic state）所控制。在第五
章我們討論醫學化力量的技術和治療型國家的特點時，
將看到這一問題的急迫性。

　　萊昂納德・巴爾（Leonard Barkan）曾經指出，在
關於宇宙和社會的擬人論形象發展過程中我們大致可以
追溯到三個階段：

（1）簡單擬人論：這是我們稱為世界身體的
階段。如維柯所指出的那樣，先民們在構思宇
宙和社會時除參照自己的身體之外，別無它倚；

（2）有機宇宙：在這個階段裡，用於構思宇
宙和社會的身體意象已變抽象，人們開始探討
其令人迷惑之處。在此階段已經出現了我們所
繼承的古代和中世紀的哲學、宇宙結構和神學
——政治學等思想的萌芽。關於這一點以及下一
個階段本章將有更深入的探討。

（3）政治身體的覺醒：身體意象一再被勾
勒，其鮮明輪廓肯定了人之為人所應有的形
體，因為此時社會和政治力量已經構成對人的
威脅：男男女女、芸芸眾生像物品和機械一樣被
這力量控制。①在此，我們又涉及基本的擬人
論，我將要以此對政治身體進行再思考，從而
探討現行管理型國家及其治療組織給日常生活
帶來的兩難困境。

　　首先我們將檢視一下古典和中世紀思想中留給我們
關於政治身體的思考遺產。柏拉圖對「城邦」性質的探
索是通過發現城邦的組織原則來進行的，這種組織原則
使得城邦不僅僅是一種自然、與生俱來的集合體。②因
此，一方面，人的身體按造自然屬性被分為男或女，而

另一方面社會和政治生活又按照某種高於自然需求的原
則將他們組織在一起，因為社會政治生活中的男人女人
們又都是理性和道德的動物。所以說真的城邦源自於一
個「最早的城市」（first city），這指的是，**一個放
大的身體**（the body writ large）。第一座城市由供
需交換系統所組成，它將男人女人們集合性地聯繫在一
起，這種組織原則正如身體的需求是將身體的各個生理
器官維繫在一起的原理一樣。在第一座城市裡，健康與
和諧是通過貿易和商業技藝的協調而獲得的，正如身體
的健康是建基於各個組成部分的共同滿足的基礎上。但
是首座城市最後卻瘋狂的追求奢華，發動戰爭。於是便
需要一個護衛階層來重新組構城市。而護衛階層必需接
受良好的教育，這便要求有一個能洞悉城邦真正健康問
題的哲學家階層的存在。儘管身體的真正健康不過就是
其患病之前的那種正常狀態，但使疾病驅離復原的技藝
卻不存在於自然狀態中。醫生的功能，正如政治哲學家
的功能一樣，都發揮著理性的作用。要探討理性治療的
真正對象就必須把城邦視為一個放大的靈魂，很遺憾，
在此我不能更深入的探討這一點。

關於革命性政治身體（revolutionary body
politic）最著名的論述出現在曼內尼亞斯·阿格里帕
（Menenius Agrippa）的著作中。在羅馬歷史的某一個
危機時期，為防止羅馬貧民分離運動，阿格里帕作出了

種種努力，爲此，他寫了下面一段話：

      很久以前，當身體各組成部份不像現在這樣
處於彼此和諧的狀態時，即當每一成員都擁有
自己獨立思想及其表達語言時，某些成員便產
生怨恨情緒：他們千辛萬苦，辛勞不已，卻是為
了給懶惰的肚皮提供它的一切所需；後者由衆多
侍奉者供奉著。它不勞而獲，安享別人提供給
它的一切舒適。於是心懷怨恨的成員們便暗中
商議謀反。它們決定，手不應該給嘴運送食
物，而嘴也不應再接受一切上門之物，牙齒也
不能接受任何東西進行咀嚼。但是最後，當他
們成功地以飢餓降伏了肚皮，從而發泄出其怨
恨之後，他們自己連同整個身體卻一齊形銷骨
蝕，化為烏有！這顯然説明，肚皮並不是一個慳
吝的人。的確，它獲取食物；但它馬上又以此滋
養其成他員，通過血管以及消化過程中產生的
血液，它將養分輸送到身體的各部位；血液是我
們的生命和健康之依靠。③

    當然，我們知道，政治身體的意象從古代到中世紀
一直在被發展利用著。亞里士多德、西塞羅
（cicero）、塞尼加（Seneca）以及許多其他思想家都
使用這些意象來不斷地闡明和諧、平衡、狂熱，以及失
調等政治思想中的主要比喻。對這些比喻的最詳細闡述

體現在聖・保羅（Saint Paul）關於神秘身體（mystical body）的訓誡中；其中，將身體各部位維繫在一起的那種異質統一性（unity in difference）被推崇備至，因為它成為維繫基督教社會各成員的卡里斯瑪統一性（Charismatic unity）的基礎：在基督教社會裡，個人才能的發揮代表著他人；個人才能是上帝的餽贈而非自己的特質。存在於基督教異質統一性觀念中的崇高性最完美地體現在基督身體的圓環構形（插圖4）；他包含著生命之樹，同時將成員間的親密關係加以抽象化並精心呵護。在此，通過圓環和樹這兩個彼此親密無間的形象，我們便進入了上帝那無垠的空廓，肉身基督便是祂形象具體而微的體現。聖・保羅這樣描繪其形象：

> 恩賜原有分別，聖靈卻是一位；職事也有分別，主卻是一位；功用也有分別，神卻是一位。在衆人裡面運行一切的事。聖靈顯在各人身上，是叫人得益處。這人蒙聖靈賜他智慧的言語，那人也蒙這位聖靈賜他知識的言語，又有一位蒙這位聖靈賜他信心，還有一位蒙這位聖靈賜他醫病的恩賜。又叫一人能行異能，又叫一人能作先知，又一人能辯別諸靈，又叫一人能說方言，又叫一人能翻方言。這一切都是這位聖靈所運行，隨己意分給各人的。

就如身子是一個，卻有許多肢體；而且肢體雖多，仍是一個身子。基督也是這樣。我們不拘是猶太人，是希利尼人；是為奴的，是自主的，都從一位聖靈受洗，成了一個身體，飲於一位聖靈。身子原不是一個肢體，乃是許多肢體。設若腳說，「我不是手，所以不屬乎身子」；它不能因此就不屬乎身子；設若耳說，「我不是眼，所以不屬乎身子」；它也不能因此就不屬乎身子。若全身是眼，從哪裡聽聲呢？若全身是耳，從哪裡聞味呢？不但如今，神隨自己的意思把肢體俱各安排在身上了。若都是一個肢體，身子在哪裡呢？但如今肢體是多的，身子卻是一個。眼不能對手說：「我用不著你。」頭也不能對腳說：「我用不著你。」但如此，人以為軟弱的，更是不可少的。身上的肢體，我們看為不體面的，越發給它加上體面；不俊美的，越發加上俊美。我們俊美的肢體，自然用不著裝飾；但神配搭這身子，把加倍的體面給那有缺欠的肢體，免得身上分門別類，總要肢體彼此照顧。若一個肢體受苦，所有的肢體就一同受苦；若一個肢體得榮耀，所有肢體就一同快樂。《哥多林前書 *12:4-26*》④

政治身體形象的一個重大發展出現在中世紀政治神學的某些教義和關於國王的兩種身體——**自然身體**（body natural）和**政治身體**（body politic）——的

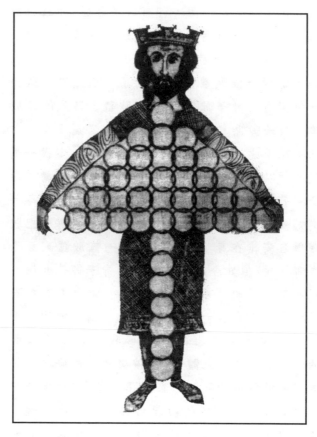

〔插圖4〕《手稿插圖，基督》，c.1341。徵得出版社同意，拷貝自
Alzbeta Guntherova and Jan Misiank，Illuminierte Handschriften
aus der Slowakei（Prague:Artia）。

合法性虛構中：

　　　　國王擁有兩種能力，因為他有兩種身體，其
　　一是自然身體，和其他所有人一樣這一身體是

由一系列自然成分所組成，處於這種身體狀態
之中時他和其他人一樣也有激情，也面臨著死
亡；另外一種是政治身體，處於這種狀態時所有
成員均臣服於他，他和他的臣民一起構成了社
團（*corporation*）。如索斯科特所言，他和臣
民們互相滲透，他為頭，其他人為成員，他就
是管理他們的唯一政府。和自然身體不同，政
治身體不受激情控制，也不懼怕死亡，因為處
於這一身體狀態中的國王永遠不死，他的自然
死亡在我們的法律中（如哈勃所言）被稱為耶穌
之死；但是國王之薨不是像「薨」（*demise*）所表
示的那樣是國王政治身體的死亡，而是兩種身
體的分離——政治身體從已死的自然身體中分
離，或者說從天皇貴冑的顯赫中退出，又轉移
到另一個自然身體上。所以它表示的是國王的
政治身體從一個自然身體移向另一個自然身
體。⑤

仔細閱讀上段引文中的措詞我們便會發現，國王兩
種身體的虛構借用了卡羅林時代羅馬教會的組織原則，
其源頭還是在保羅那裡。大致的情形是，在關於聖餐
（Eucharist）中基督是否真正顯現的爭論中，基督的神
秘身體（聖餐）和基督的身體（歷史上所有教會和信徒）
二者逐漸合而為一。於是聖餐被簡化為基督聖體
（corpus Christi）（此前表示整個基督教社會），教會

被簡化爲神秘身體（此前是聖餐的稱謂）。於是當教會
在世俗的法律政治機構中被認可爲一種世俗權力時，它
便給這些世俗機構帶來了基督自然身體和基督的精神或
教會身體之間的區分。恩斯特‧康托拉維茲（Ernst
Kantorowicz）寫道：

> 以前教會被當作一種「基督的神秘身體」
> （corpus Christi mysticum）來看待，即是說它
> 只是具有聖禮形式論的意義
> （sacramentally）。但是現在，那曾經是基督神
> 秘身體的教會卻變成一種自在自爲的：「神秘
> 身體」。也就是說，在每一種公正的意義上，
> 教會肌體都已變爲一種「神秘身體」：一種神秘性
> 的自治社團。術語的變化並非偶然，它表示著
> 向新觀念轉變時所跨出的新一步：它使得「合法
> 教會身體」（corpus ecclesiae iuridicum）的
> 社團機構和「神秘教會身體」逐漸合一，並因此
> 而將「神秘身體」的觀念世俗化。⑥

而且，這一術語的轉變使得教皇更容易爲教會世俗
政治身體而非教會的聖餐身體（Eucharistic body）的
政治首腦。同樣，這一術語的轉變也是與嚴格的世俗政
治身體對神秘身體的精神和超驗性特質的合法挪用
（jurical appropriation）相符合。接下來建立國家社
團連續性（corporate continuity）的理論原則是法理

學家們的任務。尤其重要的是賦予國王這兩種身體形
態，以便於其政治身體能在其自然身體「駕崩」之後也
能延續。我們所不能追隨的觀點是在國王的公共地位和
私有地位之間，亦即在（他所代表的）人民之不可分離
的主權以及根據自然法和成文法（他所擁有的）相對權
限之間所作的進一步區分。我想強調的是，中世紀的法
人理論在 19 世紀有機或極權國家的思想中從未被嚐試
過。這種傳統（其中一些特徵將在下文被闡述）總是拒
絕將國家視爲一種較高精神實現的理念設想。

　　文藝復興時期，政治思想家們繼續利用身體的形象
來探討國家首腦及其成員間的關係。⑦這有助於理解阿
涅埃斯‧西爾維斯（Aeneas Sylvius）的政治思想。在
探討羅馬統治的根源和權威論文《論羅馬帝國的起源及
其權威》（De ortuet auctoritate imperie ramani，
1466）一文中，他認爲如果能拯救政治身體的生命，國
君可以像犧牲自己的手和足一樣獻出自己的頭。這是一
種幾爲公理的思想：即是說對各組織成員而言，身體比
生命更重要；其中所穩含的一個觀點是：只要對法人有
益，人們應該抵制一切針對個人的謊言、欺詐和不公正
的行爲。當然，阿涅埃斯‧西爾維斯（即後來的敎皇庇
護二世〔Pope Pius Ⅱ〕）不可能爲一個已被斬首的國
家設想何種有益健康的條件。但是，如果沒有國王這種
所謂的兩種身體——其一是世俗和可任意處置的，另一

是精神因而是不朽的——理念主張，後來一系列的弒君事件將難以理解。約翰·福特斯庫爵士（Sir John Fort-esue）在 1468 年至 1471 年之間對溫和的君主制作了努力的辯護，其中他描述了在一個可能被斬首（失去頭腦）的國家裡，身體呈現出了怎樣一種形態：

> 聖·奧古斯丁在其《論神聖的公民權》（De Civilate Dei）第十九卷第二十三章中說，所謂國民就是按照共同的法律和共同的利益所組織起來、由眾多人所構成的一個身體。但是如果沒有頭，那麼這種國民便不能被稱之為身體。在自然身體中，被斬首後的身體只能被稱為軀幹；同樣，在政治身體（國家）的觀念裡，缺頭（首腦）的社群便不能被稱之為身體。所以亞里士多德在其《政治學》第一卷裡寫道，當一個身體由眾多部分所組成時，身體便成為統治者，餘者為被統治者。所以當一群人想把他們自己組織成為一個王國或任何一種政治身體時，他們總是必須推舉出一個人來統領這個身體，這個「攝政者」（regendo）通常被稱為國王。生理身體從胚胎期起的生長過程一直受到頭的控制調節；王國也是一樣，它萌芽於民眾，以神秘身體的形式存在，並受一個作為首腦（頭）的人管理。如亞里士多德所言，在自然身體中心臟是生命之源，因為心臟儲存著血液，並將血液輸

送到身體各個部位，從而它們才能充滿活力；在
政治身體中，人民的意志是其生命之源，它儲
存著作爲血液的、以人民利益爲出發點的政治
思想，並將此思想（血液）傳輸給首腦及（政治）
身體的各部位，從而維持著該（政治）身體的活
力。⑧

　　在阿涅埃斯和福特斯庫的論述裡我們看到一個有趣
的交錯現象。如果堅持頭之於心臟和胃的優先性，那麼
政治身體便傾向於權威；但如果強調胃和心臟功能的重
要性，砝碼則傾向於溫和的君主制（但認爲後一種情況
就是民主的想法是錯誤的，因爲沒有人喜歡有多個頭的
身體！）。把這個形象稍微修改一下，作爲政治身體醫
生的君主可能被視爲其患者的痛苦之源，更有可能的是
他或許會以治病爲由要求患者忍受其劣藥的煎熬。這便
是蒙田（Montaigne）的思想，他對醫學的懷疑主義比
哲學更甚：「維護國家可能是超出我們理解力的概念。
如柏拉圖所言，一個公民政府（civil government）本
身就是一種難以離散、強而有力的存在。它能抵抗一切
體內的疾病、法律的不公正、極積的暴政、官員的暴虐
和愚昧以及人民的放縱和暴動。」⑨然而，當君主被如
巴德（Bude）和伊拉斯莫（Erasmus）這樣的人比喻成
一種哲學家式的醫生時，我們對他的治療便表示出信賴

而不會想到其愚昧和墮落。如果統治者的治療得當，政治身體就會是健壯、平衡，在秉性和財富上不會出現極端化。所以，馬基雅維利（Machiavelli）不無暴力性的政治思想認為，只有一種「混合」的身體（mixed body）才有能力在動盪和毀壞中存活下來並獲得新生。⑩然而，身體形象一般卻服務於有限的君主制利益，這一點，再次被福特斯庫清楚地表述了出來：

> 將一群人組織成一國國民的法律類似於生理身體的神經系統；因為正如神經系統將身體組織起來一樣，這種神秘身體也是由法律組織成一個統一的整體（法律 law 源於 "ligando" 這個詞）；這一身體的各部分及其骨架（它們象徵著支撐一個社群的堅實的真理基礎）通過法律維護自身的權利，這正如自然身體通體通過神經達到同樣的目的一樣。而且正如同生理身體之頭不能改變其神經、不能剝奪身體各部分的力量及其所需血液一樣，作為政治身體首腦的國王也不能任意更改法律，或者未經允許甚至完全違背人民的意志而剝奪人民的財產。君王們，在此你們所擁有的是政治王國的組織形式，由此你們便可以估計國王根據法律及其子民的身體和財產究竟可以行使多大的權力；他所擁有的這種權力是用於為人民服務的目的，所以對他而言就不被允許用其他權力來進行統治。⑪

　　我希望這段引言能幫助我避免這樣一種印象，即下面我意圖再現古代和中世紀關於政治⑫身體構想的幾個特徵所作的努力中，我居然爲了迎合一種關於政治生活的有機主義和極權主義的思想而竭力顛覆個人自由主義的傳統。事實上，我是這樣看待這一問題的：正因爲自由主義的行政國家已經淪爲了一種「組織」（organization），所以我們才自然而然地開始重新思考政治身體的問題。不可否認，面對著現代行政國家及其相生相伴的對公共社會的不介入主義（civil privat-ism），想要再現政治身體的形象將會對政治想像力（political imagination）構成巨大的挑戰。政治論述的砝碼完全在另一個方向。這即是說，政治論述正越來越偏向行政國家的合法性需求以及社會經濟財產和服務機構的公私分配原則。⑬爲了使國家有可能在社會和經濟生活的主要領域中進行干預，就必須將這些領域內的行政管理視爲科技專家的工作，其專業化工作性質要求一種病人或患者型的公民階層的存在。因此，正如哈伯馬斯（Jurgen Habermas）所說，行政國家需要的是公共領域內的去政治化（depoliticization），而這一目標的達成是通過同時培養起（1）**對公共社會的不介入主義**：即以對消費、休閒和事業的追求來換取對政治的冷淡；（2）**公衆的去政治化**（public depoliticization）：通過民主程序的精英主義理論和

使行政權力得以理性化的技術官僚式的運作步驟，從而使第（1）條獲得意識形態的合法化。⑭這兩種策略催生了一種不再具有批判精神和大衆意識的家庭主義（familism）的粉墨登場。自由主義福利國家對多國一體化戰略的依賴性也融入了這個進程；事實上，福利國家在大部分時間裡都不得不在一種和某位根本不在場的狡詐敵手的虛擬戰中維持其政治主權的謊言。國家一方面通過其自身的經濟行爲在市場承諾和市場的實際運作之間劃開一道鴻溝，而另一方面卻又宣稱這些行爲將重建社會的理性偉業。就是在這種情況下，多國組織保證事後（ex post facto）將在資源方面，在公私財產和服務方面實行合理的配置。這些策略要求一種技術型的政治論述與之匹配，而後者恰恰是政治身體所缺乏。

　　然而，現在的現實情況卻是男人女人們，尤其是衆多青年人對加諸於他們生活之上的行政約束力極爲不滿。他們的不滿不僅來自經濟上被剝削，也來自一種四處彌漫的**語言異化**（linguistic alienation）的狀態；異化的語言源於專家們所使用的官僚和行政論述；這些專家們代理執行國家、醫院及其他社會機構的功能。管理化社會的理性化要求其政治論述關注具體的問題並使用一種決斷性或工於算計的推理方式。反過來說，語言的科學性和社會科學中的報導性文體又按照最佳效益原則協助行政管理階層對社會行爲和機構進行運作操縱。

但是「效果最佳化原則」卻無法直接面對家庭、教會和
基層社區所面臨的（並企圖努力解決的）一些最普遍的
社會問題，如失業、無知、青少年自殺及懷孕等等。更
甚者，管理化社會一般說來有能力強迫社會成員恭順行
事以便換取參與分享財富和享受服務的權利，但這卻減
少了社會成員的政治參與精神——他們本來應該有權了
解某些重大事件的「內幕情況」。對於異議的表達權現
在僅殘存在所謂的選舉中。這些過程對公民、家庭、教
會和基層社區的交流能力造成了重大影響，其結果是：
那種關於政治、經濟和社會生活之理想價值的論述已經
被邊緣化和異化成一種缺乏理性和斷言性語法的空談。

　　以前，我曾努力表明過我個人的一種看法，即那些
街頭怪誕的放浪行為、搖滾樂、以及髒話運動這些看似
非理性、破壞性的現象所代表的實際上是處於一體化和
軍事化統治下，大眾群體之溝通能力的最真實的表達。
乍看之下，這一運動參與者的語言、服飾以及他們七拼
八湊的成員來源表明這不過是對一體化的政治經濟系統
的合法性所作出的黔驢技窮、孤注一擲的反擊。而事實
上恰好相反，他們是對大眾的盲從和冷漠趨勢所作出的
深思熟慮的反駁行為。他們對公共語言和私人語言間的
界限的跨越表明，那些既得利益集團所謂政治運作和公
眾沉默是共生的這種說法完全是武斷的。 60 年代的怪
誕風潮所清楚表達的是對政治身體的思想、語言和藝術

性根源的探索渴求；如果不這樣的話，政治身體的各部
位將沉淪和順從而身染沈痾，一病不起。這些呼聲源自
中產階級和學生；隨著大學數量的增加和教育過程的理
性化，社會對後者的培養目標是使他們能在管理化機構
中承擔角色任務。但是他們卻對性別、服裝、工作以及
權威等（的劃分）進行遊戲嘲弄，並且挑戰成人制定的
規範，懷疑否定藝術和對政治疏離，並且現代政治學中
的媒介角色，他們既是先鋒派又是犧牲者。作爲先鋒
派，他們被廣泛報導、大出風頭，從而引發國際性的學
生運動；作爲犧牲品，他們怪誕的身體裝束以及他們的
反叛和不從反而成爲媒體所報導的混亂和非理性的具體
證據。

　　我們的媒體界和學術界已經在意識形態方面投入了
大量的努力，用以從我們的政治記憶中抹去 60 年代。
但是，人們現在卻比以往任何時候都更加執著於尋求一
種關於政治身體的合理化表述，並想藉此表達他們對於
環境污染、種族滅絕、家庭離散、婦女兒童身心健康受
到威脅、變質食品、醫藥短缺等問題的關切，因爲只有
在這些領域內的所謂政治福利（political welfare）
的價值才是可感受得到的。家庭和個人都想知道，何種
機構和權力構築他們的身心健康，決定他們的工作環
境、生活水平，影響戰爭與和平的機遇。從這些最基本
的關切來看，我認爲我們需要以一種三維模式的政治身

體來取代（現在這種）管理型和組織型科學的壓抑性形
象：

層次	機構	論述
生理性身體	家庭	良好生活，健康，疾病
生產性身體	工作	自我控制，開法利用
力比多身體	人格	幸福，創造性，不滿

　　生理政治身體（bio-body political）代表的是男
人／女人們所關心的諸如良好生活、身體健康、以及生
育繁衍等問題的問題搜集方式。在所有這些需要的滿足
中，最基本的是家庭的幸福。**生產性政治身體**
（productive body political）所代表的是對勞動和
才智的複雜的組織形式（勞動和才智被用於生命的物質
和社會的再生產中）。在此，我們所指的是一種積極
的，具有創造力的工作者。**力比多政治身體**
（libidinal body politic）所代表的是另一個慾望層
級，它超越了對家庭財產和經濟利益的關心，它所嚮往
的是那種最難以企及的情愫，如愛和幸福；所以，力比
多政治身體完成了人格的秩序建構。
　　男人女人們不斷地降生，家庭不斷地出現，因此，
生命的生理的、社會的和力比多的秩序格局將不可能成

爲彼此隔離的世界。同樣，政治身體和對愛人身體的嚮往一樣不能被化約爲純粹的經濟滿足。政治身體這種隱喻的顯著特點是，它允許我們擺脫機械形態論（mechano-morphism），即機器、網絡和結構隱喻——後一種隱喻將政治合法性問題降格到單純的認知科學的層面上。這一轉向重新恢復了那種以日常生活、家庭、健康、自尊、愛和情感交流爲內容的體現理性（embodied rationalities）。人們意識到其對家庭、經濟和個人義務之間必需的相互關係。他們根據其對於家庭和個人生活的回報來判斷他們在政治身體的生產型領域中的勞動收成。他們樂於在家庭需要以及個人和力比多生活間作出權衡。簡單的說，人們對其社群生活的思考極爲複雜，它不能被化約爲那種僅僅支配經濟領域的功利主義或決定論式的單一模式。

通過區分三個層面的政治身體和引入一條作爲政治生活基本構想的倫理發展線索，我們進一步遠離那種關於政治合法性問題的自然主義詮解觀。家庭、經濟和個人生活這個層面所代表的是擬人論的歷史／倫理發展，它也使得我們就能認清政治身體中的矛盾、束縛和倒退等現象。因此，我們就能發現，異化是一種複雜的現象，受其影響的不僅是生產性身體，還有生理性和力比多身體。反過來說，僅僅滿足生理需求或生產關係是不可能解決異化的問題，因爲這些均未滿足力比多身體的

需求。同樣，我們也不能以我們對家庭和經濟生活的責任義務抽象出力比多生命的夢想。一種關於政治身體中合法性問題的批判理論應該是既關涉社會發展，同時又涉及大眾對於這種發展的清楚認識，像是它在何處受到阻礙，在何處開始衰落等問題。

現代群體文化的悖論在於，一方面它迎合力比多身體，沉湎於感官的享樂；然而另一方面卻又將力比多衝動進行規範和封存。在北美，力比多政治身體是其多元文化一體化的產物，是其對年輕、白人、漂亮、異性戀的世界所擁有的健康和富足所作的讚美的產物。在這個意義上，它反映出的是對社群生活的一種不健康的扭曲，以及對社會在解決貧困、病人、老人、醜陋者和黑人等問題上的失敗的否定。所有與偏狹／愚昧（Suburb-inanity）相關的東西都被歸入種族、貧困、犯罪和精神病等領域。因此在一元化資本主義和富足的種族主義者的社會裡所進行的反種族隔離鬥爭就一定會呈現出這樣的形象：白人恣意暴虐；黑人要求權力；婦女爭取解放；青年發出抗議。另一方面，一種關於政治合法性的批判理論卻又不會否認大眾以家庭、工作和個人等語彙來表述他們政治體驗的合理性。正是出於這個原因，政治身體的三個層面被表現在另外三個各具特色的機體中，即家庭、經濟和個人；而這三種機體又分別被賦予了不同的論述範圍。儘管仔細分析起來，政治身

體的各個部份和論述範圍各不相同，但它們合在一起卻形成了一種演變過程，其中三種論述秩序之間的協調一致能最大限度地增加公共福利。每個社會都需要對自身進行生物的、物質的和精神的再生產。這些需求被表述在家庭、工作和人格等組織層面上。在那裡，論述的對象便集中在一些相關的觀念上，如幸福、健康、受苦、疏離和自我表達等等。

　　在此，我不能全面開展開來──論述各種社會科學知識和眾多社會經濟組織，雖然它們都是由政治身體的三個組織成層面派生出來的。（我們將在第五章就這個面向來論述生理醫學論述的功能。）但是我想要指出的是，力比多身體的論述要求對家庭和工作的體制進行挑戰，而且這些「革命性」要求的體制化又繼續對所有科學性的、社會和政治知識發出挑戰。現在我們可以設想擴大哈伯馬斯的工程，即按照一種關於三維政治身體的具體語言學來建立一個理想的理性化語言共同體。要進行這樣一項擴建工程，我們必須創立一種知識和價值判斷的類型學，這種類型學的創立必須考慮各機體層面上的生理性身體、生產性身體和力比多身體，並參照關於迫切性、民主力量等更確切的評判標準。在某種程度上，政治學應該少一些獨裁主義的味道，以便培養出一種有能力（自己）尋求好日子的公民。因此，政治合法性就必須建基在於關心日常生活的家庭和社區之上，後

者對人們的政治教育是將政治學置入政治身體的生活之
內而非之外來進行的。正如珍‧貝特克‧艾爾什坦
（Jean Bethke Elshtain）所說：

> 追尋和肯定一種作為人道場所的、理想的家
> 庭生活，就是向社會的結構和安排發出挑戰而
> 不是認同（這和一些極端正統的觀念背道而
> 馳）。因為就公共世界以其政治、經濟和官僚
> 權威力量對私人空間進行侵吞和蛀噬而言，是
> 公共世界而非私人空間才應當成為社會反抗者
> 和女權主義批評家所攻擊的靶子。推進一種置
> 換的政治學（ *a politics of displacement* ）（它
> 進一步侵蝕私人空間並強化權力和市場對生活
> 所作出的界定）就是壓制那種關心政治和公共
> 問題的話語。⑮

為致力於一種具有積極意義的工程，我們必須堅持
擬人論和家庭主義在政治論述中的基本價值地位，從而
能夠矯正新個人主義和集權經濟制度兩種極端化傾向。
為給社會系統內（這是一個作為公共生活的準自然環境
的社會系統）的身份、決策和詮釋提供意義和價值，我
們或許應該肯定下列關於建立家庭化政治學（familid
politics）的提議：

（ *1* ）人之所以為人只有在家庭中；

（2）人類家庭是所有公民生活和政治生活的基礎；

（3）人類家庭是智慧、常識、愛和公正的搖籃；

（4）政治家庭主義不是部落制；毋寧說，它對我們的公共生活和私人生活間的分裂進行了再政治化（repoliticize）；

（5）女性氣質（maternalism）和女性主義（feminism）是維護家庭反對國家的適當方式；

（6）每個家庭都應承認其他家庭的繁衍權；

（7）每個家庭都是人類家庭完整、神聖的見證人。

　　艾爾什坦堅持認為重建人類家庭永遠都不是亡羊補牢的行為，因為它和鞏固我們公共生活的利益是相一致的。的確，輕率地宣佈家庭終極的論點只能以犧牲個人為代價換來國家觀念的強化；而這些個人往往對社會經濟運行的發展寄予厚望，結果他們所得的卻是家庭的解體化。⑯現在我們被商業主義和福利主義交叉包圍著，它們向我們兜售著核心家庭（nuclear family）的理想模式，但其觀念的偏狹和千篇一律已經到了滿紙荒唐言的程度。現在已經坍塌的恰恰是這種核心家庭的避難所；它現在求助的對象是法律、精神分析和醫學等等，但它卻曾經被視為工人階層和邊緣化家庭的楷模，雖然後兩者的組建及分裂方式各不相同。簡而言之，我們不能忽視那些社會功能被剝奪的家庭；這種家庭被降格為

個人生命旅程中的一個階段而已。而現在個人的主要目標是學校、工作和消費。的確，正如我在論述 60 年代的政治身體時所指出的，許多這樣的個人有感於公共政策領域裡人情味的缺乏，開始厭惡這種可笑的家庭封閉化，而試圖在該領域內恢復親密與人格。

關於這些發展的眞實與歷史有待人們進一步的塡寫。⑰其未來也是我們應該努力的目標。而要實現這個目標，我們首先必須抓住的核心問題就是家庭在政治身體中所占的地位。**關於人們應該在何處以及怎樣進行自身的再生產這一觀念，我們正經歷一次巨大的轉變。**就在幾十年前，這種說法還會讓人聯想起牲畜棚圈或國營孵卵場之類的可怕圖像；其中家庭生活只是一種喪失了的記憶；這是國家捍衛者在當時所力圖擊碎的一種夢想。⑱與此同時，我們的商業想像力（commercial imagination）將家庭設計成一種可資利用的避難所、瘋人院或配件站（gadget station），其顧客是一些彼此來往甚少的親戚（關於這一點下一章將有詳細的論述）。在此，我們必須考慮如何進一步理解家庭解體化和大衆意識冷淡過程中的體制性脈絡（institutional context）。它弱化了關於家庭（它在任何民主中都是一個至關重要的因素）的公共意識和批判意識。

由於資本主義（就其技術神話而言），企圖以機器來取代人類，它因此（不管是多麼錯誤地）努力地以消

費和服務社會來取代家庭型社會，前兩種社會得到了工
業、法律和醫學技術以及各種新個人主義意識形態的支
持──這些新個人主義想做的就是重新構築我們關於男
人、女人和兒童的觀念，即將他們從家庭中的人塑造成
另一種人：其權利和義務完全爲治療型國家所決定。在
這種國家裡，政治動物更具有動物性而非生物性，因爲
治療型國家以公共生活爲代價進一步增強了公眾的冷漠
感。我在此所指的不僅僅是自早期資本主義以來通過家
庭而取得的財富和服務的歷史積累。它所關涉的是爲了
服務後期資本主義的消費而從社會和法律的角度對家庭
所做的再定義。在此，出現了一個重大的教育上和治療
法上的轉向（a major pedagogic and therapeutic
switch），它使得人們按照晚期資本主義的工業、商業
和國家制度來「設計」其對家庭的態度。普通家庭越來
越衰落，取而代之的是那種善於消費的家庭。這導致家
務勞動如煮飯、洗衣、照顧小孩等的逐步消失，因爲這
些工作不能把家庭帶入工業、商業和專業化的軌道上
來，與此同時，那些與商業精神和專業化相聯繫的家庭
類型在承擔著前者功能的過程中得到了發展。當然，其
結果就是家庭的再次分裂。**資產階級家庭（其專業成員
通過拯救工作階層家庭而服務於自身）成爲關於家庭健
康、教育和福利的去家庭化和女性化論述的主要迴路**
（ciruit）。因此，兒童的健康、教育和消費意識成了

傳輸晚期資本主義新需求並以此調整家庭發展方向的論
述通道。資產階級女性運動和法律、醫學、教育職業以
及商業廣告等合力使家庭裡的「家父長」（patriarch）
讓位於啓蒙的婦女和兒童。斯圖亞特‧艾文（Stuart
Ewen）認爲：

> 隨著父權制的衰亡，自由意志論者
> （libertarians）和商業分享了利益。但它們相
> 互之間也為了利益發生了齟齬……對於「怎樣
> 生活」這一問題所作的商品化回答開始扮演一
> 種極具特色的角色。廣告利用家庭的集體形
> 象，但卻又通過它所服務的大衆文化竭力全盤
> 否認這一形象。**集體家庭**（collective family）
> 的每一方面——制定決策的根據地、培養兒童場
> 所、所有情愛的產生地——均向外投射指向商品
> 的世界。一體化的美國早已開始將自己界定為
> 我們衆人之父。⑲

我們很容易就能回想起無數的廣告、漫畫、卡通、
兒童電影以及家庭劇等等，它們均大肆宣揚父權家庭的
解體以及由僞父權公司所催生的消費母權制（consumer
matriarchy）的出現。這些腳本使得美國的好萊塢成了
千百萬人所嚮往的自由象徵，這些人的家庭、婚姻和社
區迫使他們爲了名利權勢終日奔波，辛苦勞作。⑳內外

交困的家庭以及它們難以捉摸的怪誕舉動常常成為反映美國缺乏法治的主要話題，這常得到美國法律界人士的讚許；而後者自身又常常成為喜劇當中的丑角。事實上，這些場景中的美國家庭及其單調冷漠的工業郊區背景均被電影所探討。然而，由於公共健康和道德、犯罪和無知等巨大問題的存在（它們困擾著個人自我發展的美夢），這齣悲喜劇在城市和鄉村，在中產階級、上流階級以及知識分子階級中，在移民家庭中，有著各自不同的表現。治療型國家對這些（電影）作出了雙重反應：一方面強化新個人主義；但同時又將社會法律的運作專業化和官僚體制化以便修正其失誤。㉑在這裡，科學主義、個人主義、去家庭主義以及女性主義等諸多論述再次糾結在一起。

我認為，從早期資本主義到晚期資本主義的轉變中存在著一種社會法律對家庭主義以及女性主義進行再定義的雙重策略，它導致一種適應自由福利國家資本主義需求的新型生物政治經濟（bio-political economy）的出現。這一轉變大致可歸納為以下幾個階段：

(1) 前工業家庭經濟：雇用整個家庭的農場和手工工業；

(2) 早期資本主義：

   (a) 家庭被移進工廠；

   (b) 家庭賴以建立的合法性基礎不取決於工

廠；而且在資產階級內

(c) 婦女被告之要恪守婦道；

(d) 他們的子女被道德傳統教育得循規蹈
　　矩；與此同時，在工人階級內

(e) 婦女即要恪守婦道又要工作，

(f) 他們的子女也必須循規蹈矩，他們可以
　　接受一些教育，但為的是能工作謀生。

(3) 晚期資本主義：

(a) 工廠被移進家庭，也就是說，消費成為
　　了工作的理由；

(b) 消費被女性化（ *feminized* ）和嬰兒化
　　（ *infantilized* ）；

(c) 婦女的身體因為工作和消費而被女性
　　化；

(d) 在資產階級家庭和工人階級家庭裡，法
　　律和醫學均是去家庭主義和女性主義的
　　共同根源；而且

(e) 福利國家通過立法設立失業救濟會，將
　　工 人 階 級 家 庭 工 資 轉 化 為 社 會 工 資；
　　同時

(f) 社會科學提供一種法律的、管理的和治
　　療型的文化，其中去家庭主義和女性主
　　義兩種論述能漂向任何一種階級。

　　儘管馬克思主義和女性主義對作為資產階級及其國
家的生殖委員會的家庭進行了批判，但我們仍需分析研

究以弄清楚各種論述策略是如何圍繞著家庭發展，這種
家庭既是抵抗國家的堡壘，又是限制批評反抗、維護社
會秩序的衛士。換言之，關於國家和經濟關係的自由資
本主義的構想就意味著：資產階級必須找出一個既能解
決貧困問題又不會導致社會主義（即使給予窮人工作、
教育和享受福利的權力）的兩全其美的辦法。同時，資
產階級還必須既排斥大衆的政治參與又要爲大衆所應承
擔的社會義務尋找一種新的基礎。雅克・鄧茲洛特
（Jacaues Donzelot）認爲，有兩種策略備受重視（a）
慈善事業；（b）醫療衛生事業。這兩種策略一面將家
庭轉化爲抵抗貧窮的緩衝物（其手段是支撐家庭儲蓄和
家庭援助），而另一方面則被用來評擊那種不負責任的
父權制（其手段是維護健康標準以及用來教育兒童的道
德標準）。因此，從兩方面來說家庭已經成爲慈善和醫
療策略的主要關注對象，目的在於提高家庭的再生產能
力，維持經濟和社會標準，但同時又不需要絕對國家的
干預滲入。家庭就這樣被保留下來，但面對著治療型國
家，其自主性（autonomy）已大幅降低（治療型國家服
務於非社會主義的自由資產階級的觀念）。因此，在某
些方面這些現象我們毫不驚訝：有關離婚的法律和限制
父權制和家長制的國家法律並行不悖——婚姻契約自由
化的前題是認可國家的大家長地位。鄧茲洛特寫道：

現代家庭更像一種機制（*mechanism*）而非
一種（社會）組織。這種機制是通過家庭組合的
差異性（工人階級和資產階級為其兩個極點）以
及個人和家庭之間利益的不協調性而進行運
作。其能力存在於一種社會建構學
（*architectonics*）之中，其顯著特性是家庭內
部的潛在分歧或衝突和來自於外部干擾的結合：
對貧困兒童的保護考慮到作為抵抗堡壘（*island
of resistance*）的家庭的毀滅；醫生和教育家被
認為與家庭主婦有著天然盟約（其目的在於發
展儲蓄、提高教育等）。社會控制的運作程序
在很大程度更取決於家庭內部關係的複雜性而
非它（社會控制程度）本身的複雜性；取決於它
對（社會）建設的追求而非對其占有物（私有財
產、嚴厲的法律）的維護。這是一架絕妙的裝
置，因為它通過對個人權利幾近全部的剝奪而
使社會身體有能力來對付邊緣性
（*marginality*）；通對（允諾）個人幸福的追求來
鼓勵（個人）積極地與（此機械）達成一體化，
並放棄關心諸如政治權利等問題。㉒

我們必須永遠記住，我正在描繪的這些趨勢實際上
相互之間從未真正完全達成和諧。因此我們可以這樣來
看待許多關於家庭的法律，它們把已婚婦女從丈夫的權
威之下解放出來，把他們從一生一婚制中解救出來，但

卻把孩子的監管任務扔給她們。㉓這些巨大的變化改變
了婦女在家中的低下地位。但是由於社會拒絕提供幼兒
托育服務，所以家庭條款所賦予婦女的權利與工作婦女
在經濟活動中所占的結構性現實根本不相稱。因此要確
定社會在何種程度上壓抑了女性而非男性並不是一件容
易的事。的確這種形式的提問方式本身不可能具有普遍
性的答案。只有相對於資本主義和自由主義國家的具體
歷史時期和政策才有可能找到問題的答案。伊利莎白‧
威爾遜（Elizabeth Wilson）已經注意到福利、社會工
作以及社會政策的意識形態功能。但是，我認為這種功
能的存在並不意味著國家或資產階級有什麼密謀。資本
主義社會就是由一系列相互競爭、衝突的利益關係所組
成，但大眾福利的意識形態協調了各個利益集團間的緊
張。在形形色色各不相同甚至完全矛盾的承諾中，婦
女、兒童以及核心家庭的地位是不同的。根據威爾遜所
說的：「社會政策簡單來說就是資本主義國家的一個面
向，是資本主義令人可以接受的外觀；社會福利政策不
過就是民主生活的國家組織。婦女在家庭的最底層遭遇
國家的壓制。當源自資本主義有關個人主義和私有財產
的意識形態宣稱家庭隱私神聖不可侵犯的同時，上述現
實顯示其悖論性。然而，從很多方面來看，和婦女的地
位一樣，福利國家無不充滿了悖論和矛盾」。㉔就這
樣，福利國家一方面承諾要把健康服務，如嬰兒出生前

後的照料哺育工作、生育、生育控制、墮胎以及老年和
死亡等移出家庭，而另一方面它又通過各種社會工作和
精神病理學等方面的工作使得照料小孩的工作仍留在家
裡，，治療型國家的發展最終（我們將在下兩章看到）
將對政治身體造成極大的影響。

第四章

消費身體

　　本章，我將要回到最爲人們所熟知的身體形象：有著各種需求（need）的身體。從出生到死亡，我們所做的許多事情都僅僅是爲了維持工具性身體的存在，以便使我們能藉此追求我們所欲求之物。除了胚胎時期在子宮內的需求以及死亡時的需求之外，處於這兩端間的生命可以被界定爲滿足身體需求之永不停息的追求。我們需要食物、水、乾淨的空氣、休息、住所、衣服以一定標準的社會健康和安全；我們之所以需要這些東西是因爲我們既要維持生命又要在一個較爲健全的人群中繁衍生命，從而使我們的後代一代代繁衍下去。

　　身體的需求因此可被視為<u>基本</u>的需求——柏拉圖的
「第一座城市」中的質樸健康的歡樂建構在這<u>些</u>需求的
滿足：

　　　　也許你的提法很對。我們不能退縮必須考慮
　　這個問題。首先，讓我們考慮一下在作好上面
　　種種安排之後，人們的生活方式將會是什麼樣
　　子。他們不用燒飯、釀酒、縫衣、製鞋嗎？他們
　　還要蓋房子，一般來說，夏天幹活赤著膊胳光
　　腳，冬天穿很多衣服，著很厚的鞋子。他們用
　　大麥片，小麥粉當糧食，煮粥，做成糕點，烙
　　成薄餅，放在葦葉或者乾淨的葉子上。他們斜
　　躺在鋪著紫杉的桃金娘葉子的小床上，跟兒女
　　們歡宴暢飲，頭戴花冠，高唱頌神的讚美詩。
　　滿門團聚，其樂融融，一家數口兒女不多，免
　　受貧困與戰爭。①（郭斌和張竹明譯文——譯注）

　　我們的遺產中有一種矛盾性。按照基督教傳統，社
會應該由身體決定，它看起來應該與伊甸園類似。但是
我們知道，我們所擁有的墮落身體正是亞當和夏娃曾縱
情享樂過的身體。由於夏娃的好奇心，我們的身體現在
必須忍受勞作的艱辛，最後還要歸於死亡：

　　　　耶和華又對女人說：「我必須多多增加你懷
　　胎的苦楚，你生產兒女必多受苦楚。你必戀慕

你丈夫，你丈夫必管束你。」又對亞當說：「你
既聽從妻子的話，吃了我所吩咐你不可吃的那
樹上的果子，地必為你的緣故受咒詛。你必終
身勞苦，才能從地裡得吃的。地必須給你長出
荊棘和蒺藜來，你也要吃田間的蔬菜。你必汗
流滿面才得糊口，直到你歸了土；因為你是從
土裡來的。你本是塵土，仍要歸於塵土。」(《創
世記》*3：16-19*）

　　於是，我們便陷入身體的快樂和痛苦的交替滿足
中。現在我們清楚了，根據《聖經》的另一種訓誡，人
應該是大地之主，我們創造出偉大的文明，其中生活的
必需品、勞動和消費的條件等都已被完美化得超出了人
們的想像。思想、藝術、科學、烹飪、醫學、法律、政
治甚至軍事等文化的發展都已超出了任何簡單的身體需
求標準所涵蓋的水準。的確，文明和文化需求的範圍已
取得了如此廣泛的拓展以至於宗教、道德和社會思想家
們總是企圖在自然的第一需求和第二需求，即極度、非
自然的需求之間尋求一條共同的基準線。區分第一需求
和第二需求的動因源於對善惡、貧富問題的思考；源於
那種對不那麼自我中心，不那麼競爭激烈，不那麼虛偽
的生活方式的懷舊追憶衝動──只有身處那種人們不得
不無休止地去蠅營狗苟以聚斂財富、博取權勢的社會裡
的人才會有這種懷舊意識。

翻開任何一本現代雜誌，我們不難發現，我們仍然被所謂眞正的人類需求的問題所困擾，但我們卻根本無法抹平窮奢淫逸的生活世界和千百萬人仍在忍受缺少基本食物和居住條件之苦的貧窮世界間的鴻溝。在這兩種狀況裡、身體是富足和貧困、飽食和飢餓、性愛和殘軀等的共同的崇拜偶像。這一悖論引起了許多人的注意，他們作出了各種努力試圖發現一種基本的經濟人類學（ economic anthropology ）。尤其經濟人類學要求我們重新思考我們在第二章裡已討論過的物質和象徵文化之間的關係。現在我想提議的是，我們應該沿著這條思路進行一些新的探索，但同時又必須保證我所確定的問題中心被集中在身體的政治經濟構造上。

我們最先遭遇到的這種兩難問題恰恰是我們經濟的本質。它不斷地滿足我們的各種需求，就此而言，它不是爲我們服務，而是在奴役我們。如約翰・肯尼斯・加爾布雷斯（ John Kenneth Galbraith ）所說，我們的經濟似乎正被某個邪惡的天才所支配著：

設想每天早上一起來，一個人就受到某個惡魔的蠱惑，它將一種貪慾注入他體內，使他有時渴求絲綢襯衫，有時是廚房用具，有時是便壺，有時是橘子汁，這樣就不難理解爲什麼人們總是努力去搜尋（哪怕是極怪異的）物品，以滿足他們的慾求。但我們可不可以這樣來設

想，其貪慾之情正是他首次降服惡魔後才產生
的，而他抑制其貪慾的行為反過來又更大地刺
激了惡魔；這樣一來問題便在哪種程度上他的
解決方法是理性的？

　　所以現在的問題是：如果生產創造出它所想
滿足的需求，或者如果需要與生產同步同量
（ *pari passu* ）地出現，那麼需求的急迫性就不
能成為生產之急迫性的緣由。生產所填補的空
虛正是它自己一手創造的。②

　　對古代人而言，現代經驗可能並無任何驚奇之處。
的確，加爾布雷斯對無度消費中的惡魔力量的描述，抓
住了任何以占有慾為其秩序靈魂的社會的愚蠢本質。比
如在柏拉圖的《理想國》中，這種占有慾就被加以抑制
並被置於道德和智慧追求之下；這幾種追求的正確的相
互關係才能保證一個社會擁有健康的秩序。在這樣一個
系統內，如果思想家和社會秩序的維護者被激情或商人
所控制，那將是個畸形社會。甚至就在現代社會的前
夜，霍布斯還堅信，只有在一個取消了人的驕傲和恐懼
的極權社會裡，權力慾才可能進入社會秩序。③與此相
對，亞當・史密斯（Adam Smith）在《國富論》（Wealth
of Nations）中明確肯定，如果人能將自己限制在私慾
（private passion）交換的範圍內，那麼將出現一種任

何國家和教會都難以實現的穩定公共秩序（public
order）；而且，國家和教會只有讓市場自由運作才能
顯示出較高的道德水準，因爲如果道德全面壓制惡行，
那麼經濟將帶動著國家和教會一起崩潰。曼德維爾
（Mandeville）說：

> 寓言的主旨（在道德中有簡要的闡述）就是
> 企圖向我們展示：在一個勤勞、富足、強大的
> 社會裡，一方面要縱情享樂優雅、舒適的人
> 生，而另一方面又想擁用有那些黃金時代裡才
> 可能奢望的美德和純真，這一切根本不可能，
> 由此揭示的另一種喻義是，這些既想富足發
> 達，對所有利益孜孜以求，另一方面又義正言
> 辭地抨擊惡行的人是多麼的愚味和不通情理；
> 但是從古到今，這種悖論卻存在於所有強大、
> 富庶和文明的王國或國家之中。④

對於那些因爲我們生活中的善惡問題所困擾，爲理
性和顛狂之糾結所迷惑不解的人而言，曼德維爾的分析
可能是一種慰藉。但事實是，正是在那些經濟高度自足
的社會裡，消費和生產誰應爲先的問題仍在爭論中，加
爾布雷斯等學者們堅信，只要我們以理性程序來設計生
產，那麼消費就可變得更理性些，因爲儘管有些理論家
堅持消費者主權論並且不太重視廣告的作用，但一個明
顯的事實是，消費者的需求產生於生產部門而非消費者

的身體，不管他或她身上的惡魔是如何慈愍的。但這種
依賴性效果（dependence effect）並不能解釋消費者
行爲的非理性。因爲，我們將會看到，經濟人類學揭
示：在每一個社會裡，欲求所具有的主要是文化學習
性。就我們自己的社會而言，除非採取一種符號學
（semilogical）的方法來分析商品功能，我們就不可能
理解爲何經濟程序的安排要將個人消費置於公衆消費之
上。（除了後者被以貧困救濟或社會福利的名義甚至被
打著公民權的幌子予以玷污之外）用一句先前的老話
說，我們必須搞清楚，「有利於想像（思考）的商品」
與「有利於消費的商品」分別意味著什麼。但後一種思
路卻會迫使我們費力分開哪些是必要商品，哪些是不必
要的商品，儘管兩種商品都是按造某些人的興趣進行生
產和消費。在此我們想要尋求的是那種強調必需和自然
消費的首要性宗教、道德和歷史的基準點，只有它才能
指導經濟從屬於總體的社會秩序。

　　在《有閒階級論》（The Theory of the Leisure
Class）一書中，維布倫（Veblen）認爲，使追求財富
成爲貪得無厭的動因主要並不是其滿足自然需求的功
能，而是其對社會名望（social prestige）⑥貪得無
厭的追求。社會人的生活必需品並不只是麵包而已。然
而社會主義者們卻將維布倫的觀點解讀爲：炫耀性消費
僅限於資產階級人（bourgeous man）。他們認爲，在

所謂的原始社會和將來的共產主義社會裡，「名望經濟」（prestige economy）是／將是不存在的。這種觀點所暗含的另一層意思是，資本家不能爲所欲爲地將「對地位追求」推廣普及，因爲我們發現它只存在於大西洋西北海岸的加拿大、美國以及蘇聯。人類學的證據似乎表明，前工業化社會在一個雙層系統將商品和調節交換（regulate exchange）區分開來了。這兩個層次是：（Ⅰ）維持生計的經濟，以及（Ⅱ）名望或禮儀經濟。即使在著名的克扣特爾人（Kwakiutl）當中，維持生計的物品與名望經濟有關，後者僅限於存積大量毛毯和大件的雕花銅器。瑪麗・道格拉斯表明，在兩個系統可能出現交換的地方，人們也不會不顧鄰里死活而大量聚斂生活必需品，⑦事實上，我們可以這樣來看待這個問題，名望經濟通過宴會而發揮了一種再分配的功能，它糾正了生存經濟中的不平衡狀態。

　　在我們自己的經濟中，我們似乎不能將生計和名望經濟學區分開來。⑧儘管我們規定保障最低工資的水準，但這筆錢所購買的商品卻與經濟名望分不開，後者以某些使人厭惡的字眼如名望消費、風格、階級地位等重新界定簡單的使用價值。所謂的公益事業支出（如失業救濟）以及大多數公共領域的商品如健康和教育設施等均被認爲是對私人領域商品的調節。只需要想一想汽車不斷翻新的設計裡我們所遇到的種種麻煩，這個問題

就很清楚了。如果汽車僅僅是一種交通工具，那麼製造小型、更省油的汽車——更不用說讓人們去乘巴士和火車了——將會非常簡單。但是汽車是一種象徵性（符號性）物品。它不僅僅是承載身體的工具，也是承載看重隱私權和自由權身體的工具。所以，**汽車不僅承載著它所承載的東西，也承載著個人的意識形態**。為了迎合汽車的這種意識形態，我們佔用大片土地建造道路和停車場；我們將城市郊區化，將村莊轉變成購物中心；我們以噪音、污染和生命的喪失或肢體的殘缺等極大地改變了我們的生活，為的是追求一種承諾給予我們青春、美貌以及社會流動性（mobility）的機器。因此，作為一種**象徵性載體**，汽車穿梭於使用經濟（交通）和名望經濟（權力、能量和風格）之間。為此，汽車被精心設計，以表達我們身於技術、私有財產、個人的流動性、性的競爭能力以及社會競爭能力之中的文化價值。不管它自己如何渲染，富豪汽車（Volvo）並不是有思想的人（thinking man）的唯一選擇。在我們社會裡，所有的汽車不僅駕駛起來方便舒適，它們同樣也激發著人們的想像力。亨利‧列斐弗爾（Henri Lefebvre）說：「汽車是一種地位象徵，它代表著舒適、權力、威信和速度；除其實際用途之外，**它主要作為一種符號來被消費**；由於它是消費和消費者的象徵，它象徵著快樂並以象徵物來刺激快樂，所以汽車的各種內涵互相交錯、互

相強化又互相抵消。」⑨

我們的論述從這樣一種觀念開始，即對單簡生計需求的滿足使消費具有首要性，並因此使得滿足那些需求的生產變得理性化和合理化。但是我們發現，作為社會身體我們所肩負的義務決不僅僅是我們自身的生物的和物質的再生產（biological and material reproduction）。我們的交往性身體生活在文化和社會中，因而我們就必然要參與文化和社會的消費和生產（或再生產）。因此，我們不能把經濟看成是一種由消費操縱並由消費的物質邏輯所決定的生產過程。我們必須以一種不受任何單簡的功利邏輯所控制的論述模式來重新思考消費和生產的語言。尤其重要的是，我們必須拋開那種主權消費的邏各斯中心主義的觀念——這種消費者根據他或她自己的理性需求程序來獲取各種功利性佔有。這具體地關涉到作為一種資產階級思想神話的消費意識形態觀念是如何運作的：這種思想觀念的戀物癖傾向比起原始人只有過之而無不及。不知道美國社會大眾對於汽車的態度，就不能真正理解美國車。除美國之外，其他社會也各有其汽車神話。讓我們來看一看羅蘭‧巴特（Roland Barthes）是如何評價雪鐵龍D.S.19型汽車的（這個品牌名稱有點玩弄詞藻：D.S.在法語中的發音類似deesse，意思是女神）：

　　很顯然地，當我們第一眼看到這個美侖美奐
的物品時，簡直有種看到天女下凡的感覺。我
們不能忘記：一件物品是超自然世界的最好信
使——在一件物品中人們能很容易就一眼看出本
源的完美和缺失、隱避和輝煌、生命轉化成物
質（物質比生命神奇得多），一句話，一種只屬
於童話故事世紀的沉默。*D.S.*型汽車（即女神）
擁有只屬於彼岸世界的物品才擁有的一切特徵
（也許公衆至少第一眼就不約而同地將所有那些
特徵賦予給了她）；她是 *18* 世紀的嗜新狂
（*neomania*）和當代科幻小說所共同追求的對
象：「女神」是第一艘當代「鸚鵡螺」戰艦。⑩

　　因此，作爲一種物品，汽車執行了一種含義廣泛的
論述性功能。需求也是一樣。我們不能將需求限制在生
物性身體上。事實上，我們將看到，在醫療化社會
（medicalized society）及其醫療意識形態
（therapeutic idcology）的廣闊論述空間裡，甚至生
物需求也被利用來執行著象徵功能。附帶說明：在此我
並不是主張研究社會心理學和社會身體學的影響
（sociopsychological and sociosomatic effects）是
如何歪曲了本來是理性的經濟行爲。我所想提議的是我
們應該重新思索消費，生產和分配等概念；爲此，我們
所應該使用的工具是符號學或是作爲論述類型的商品修
辭學（rhetoric of commodities），它們涵蓋了一個

從日常生計到浪漫幻想的廣大的社會領域。布希亞
（Jean Baudrillard）就針對這一問題進行了探討：

交換邏輯是最原初的。在某些方面，個體一
文不值（其價值遠遜於我們一開始時談到的物
品）；一種（關於言詞、女人或商品的）既定語
言是最早存在的社會形式；在這種形式中沒有
個人，它只是一種交換結構。這種結構來源於
一種分化邏輯（*a logic of differenti-
ation*），它在兩個層次上發生作用：

1. 它把參與交換的人分化成兩兩成對的因
素；它們都沒有形成個體特色，但是由於交換
規則的維繫而具有總體的特徵。

2. 它把交換中的物質因素分化成具有特色
的，因而也是具有意義的的因素。

語言交流中也存在同樣情況；商品和產品也
是如此；消費就是交換。正是在此我們需要就
消費的分析進行一場徹底的革命。沒有哪種語
言是因為某一個人需要說話而存在。語言存
在，但首先它不是作為一種絕對、自足的系
統，而是作為一種交換結構（這一結構和意義
共存在）而存在。只有在這種交換結構中個體
才能表達其所欲所需。因為同樣的原因，「消
費」也不因為某種客觀需求或主體對客觀的決

定性意圖而存在。通過一種交換系統，被分化
的物質（*differentiated materials*）、意義符
碼（*a code of meanings*）以及既定價值觀的
社會生產得到了發展。商品和個體需求的功能
性（*functionality*）即在此：它的目標是針對
這些基本的結構性機制（*fundamental struc-
tural mechanisms*）進行理性馴化和壓制。"⑪

　　讓 我 們 再 來 看 一 看 柏 拉 圖 的《 理 想 國 》
（Republic）。在建構其理想城邦的過程中，柏拉圖區
分了第一級城市和第二級城市。他最開始想像有個第一
級城市，其中人們的飲食很素樸，工作也很簡單，其目
的只是爲了維持家庭生計和家族繁衍。由於某些原因，
這種局面是不確定的；於是人們開始擴大其欲求。在第
二級城市裡，要想說明人的意志和自然環境特色之間的
關係則不那麼簡單。慾望變得複雜起來；商品也極大的
豐富了；沒有哲學和政治學的具體操作，善惡變得不那
麼容易被區分；哲學和政治學從彼時起開始規範身體、
控制經濟（經濟構成了現代社會一大特徵）。但經濟仍
然是一種非常道德性的秩序；它宣稱服務於廣泛的人類
需求；它是創造性、智慧和遠見卓識的展示所，反過來
它又因自己的組織之功而得到報償。現代經濟竭力宣揚
自己是美好生活的唯一來源，是成功的生產（如果不是
消費的話）所要求的道德品質的培養場所。由此觀點來

看，科層化系統（the stratification system）遠非
一種罪惡，毋寧說它是一種展示道德的屏幕，它代表著
追求（而非阻遏）美好生活的一種手段。

　　馬克思認為所有生產都具有社會性。⑫在生產觀念
中，我認為不僅應考慮體力勞動的支出，還應涉及到一
個統一的生產和消費的場所中對各種身體技巧（every
technique of the body）的利用。就這個問題而言，
我認為我們必須把生產性身體（productive body）視
為經濟的延伸而非簡單地將其理解為（像勞動一樣）一
種生產因素。和勞動力相同，生產性身體的戀物化
（fetishization）僅僅存在於一種能夠物化（reify）其
緊張、閒適、健康、疾病、美貌、本能和性的市場經
濟。將身體物化成由關心其自身的生產和消費的生產部
門就是通過勞動的社會分工將身體進行重新分配和整
合。因此，生產性身體不是馬克思所認為的那樣，是一
種與土地、勞動和資本等性質相同的一種生產因素。生
產性身體被納入勞動分工，其方式既是內在的——比如
通過現代醫學——又是外在的，比如通過時裝和化妝美
容。因此，生產性身體既是現代經濟空間和行為的延伸
又是其強化。經濟剝奪了身體的勞動成果，使它被迫艱
辛勞作，而所回報的工資卻只能維持令人不甚滿意的生
活水準。但事情遠非如此簡單。除了那些願意消費被工
業化過濾後的經驗、外表、態度、和性格的身體受到讚

美外，消費者所受到的教育就是徹底貶低其生物性身體的價值。現代經濟有能力控制那些在生死的循環過程中具有社會意義的關鍵性問題；它不加考慮就宣佈青年人成熟睿智，所以應該擁有世界，而老年人則屬應該被淘汰的廢棄物。人的每一種生理、精神和情感的需求最後都將被物化成化學物質或專業服務。除非我們學會抵抗和拒絕，否則那些曾經屬於自我知識（self-knowledge）和自我認同（personal identity）的東西將蛻化成某種純粹的消費能力（cosumerised capacity），從而將一種剩餘自我（residual self）歸類為生產性身體的適當外化形式（externalization）。

當經濟要求我們貶低身體的自然狀態，推崇喪失了美麗、自然、生機、活力、自信、風趣和健康的身體時，經濟對身體最大規模的剝削就開始了。在此，經濟是身體的各種技巧（通過這些技巧身體展示了年輕、進取、活力、社交等文化價值）中主要的社會化力量。同樣，它還必須掩藏男人、女人和兒童的眞實狀態。生活變得越來越案牘化（sedentary）；對體力的要求越來越少（但此處有一種騙人的假象——看看我們周圍有多少人每天累得心力交瘁），於是經濟便將休閒、健康以及體育運動當作體力活動加以出售。身體體驗的替代性消費是大眾社會的另一個特徵。其範圍從體育到戲劇包

羅萬象，於是性和暴力便成爲這些商品的主要成份。現
代家庭越是被迫沈湎於消費，就越需要使賺取工資者把
性和繁衍後代分開。因此，女性的身體必須去浪漫化：
她只是理性、契約性結合的唯一工具。在藥物的支撐
下，女性的身體被迫參與流動，以便外出工作，追求高
水準的生活和冒險。香水世界裡年輕貌美、從容大度的
女人似乎具有無限的魅力，但其背後卻隱藏著癌症和強
暴的威脅（相關的細節分析下文將有詳述）。

　　由此看來，現代經濟一方面急遽擴大了我們的需求
和慾望，而另一方面也宣稱它採用的是倫理的方式以滿
足這些慾望。⑬平衡的兩面就是生產和消費，從經濟學
裡我們所能得到的僅僅是一種關於（進入了工作和消費
的）人類勞動的一般性概念。我們清楚知道，即使今
天，仍有許多工作需要付出體力勞動以及身體和精神方
面的痛苦。然而，對於消費我們卻知之甚少；這明顯體
現在我們用來描述我們與商品之間的關係的新陳代謝性
隱喩（metabolic metaphor）之中（許多商品與飲食並
無關係，以這種類比的方式難以理解商品的眞正用
途）。我相信我們必須認眞思考消費的運作，以便弄清
楚在商品的積累、展示和處理方面我們應注意些什麼；
上述活動在一種科學型的和技術的文化集體表徵再現
（collective representation）裡發揮著重要作用。重
要的是，我們應該十分清楚：消費者並非天生的，他們

是被焦慮引發過程（anxiety-inducing processes）生產出來的；這些過程指導他或她不斷地嚮往佔有那些能滿足其需求的東西——但需求卻首先產生於商品的發明創造之中。沒有任何人的情感會超過現代經濟對消費者需求（如 Hi-Fi 音響設備）的生產能力。成千上萬的消費者從他們兒童時期起就學會了永不滿足。在北美和歐洲，購物中心將大量慾望（購物）指南分發到各個私人家中；它們所開列的慾望遠遠超出了浮士德靈魂的渴求。首先兒童在聖誕節氣氛開始時對這些購物清單有了直接的體驗，然後他們又希望這種聖誕氣氛應保持在每一個購物日裡。這些購物清單不停地摧毀孩子們舊有的想像力。從而激發他們無窮無盡的新想像力。對孩子而言，購物清單將父母勞動和這些勞動所預期的總商品交換融為一體；因此，它們對於家庭經濟至關重要。同時，購物清單總能保持消費先於生產的格局，於是在家庭成員之間以及各個家庭之間便因攀比而充滿了有害無益的緊張。結果，消費者必須學會經濟犧牲（economic sacrifice），這即是說，每個人都必須知道：只有拋棄眼下的個人需求，才能創造未來新型的自我（或家庭），從而跟上經濟對於需求和滿足的未來主義式的生產—— 這一點十分重要。正如理查·塞內特（Richard Sennet）和強納生·科布（Jonathan Cobb）所說：「我們認為，其結果就是，那迫使人們進入階級社會、迫使

他們賺更多錢、聚斂更多財產，謀取更體面職位的行為並非源於一種物質慾望，甚至也不是出自於對物品的一種肉慾般的欣賞，而是源自於一種嘗試：它意圖修補那種因生活中的階級結構而產生的心理失落感。換言之，在階級社會裡，人們內心所真正嚮往的是克服自我的自卑感，而非攫取更多統治其他人、佔有財富的權力。」⑭

　　儘管身體隱喻只是部份地闡明消費經濟學 （這種隱喻美化了前者）──儘管其闡明程度與生產的身體隱喻（bodily metaphor of production）對供給面（the supply side）的闡明相當──但我們還是有必要討論一下在忽略其隱含喻義時我們失去了什麼。比如，經濟學家們認為，生產勞心費神，而消費卻輕鬆愉快並且不需要付出什麼。他們之所以會有這種看法，是因為（甚至當他們關注消費的時候）經濟學家所採用的是一個無實質的主體（a disembodied subject），一個抽象的痛苦/快感的權衡者，其實際操作不花一毛錢。在經濟學中，不存在迷惘、苦惱、疲憊、失望、瘋狂的消費者。更有甚者，經濟學家完全無視家庭主婦、丈夫、孩子、老人或家庭等等的存在，消費者只是在市場和工作場所決定其家務事，所謂消費者的主權不過是一種反諷而已。簡言之，經濟學家們完全忽略了消費的運作。令人目眩的消費選擇如品牌、重量、成分等，更不用說對

風格、場所的選擇以及居家、休閒、娛樂的方案設計等
等，這些足以把消費者搞得精疲力竭——以至於如果沒
有僕人的幫助，他或她可能會被消費品的選擇和購買的
負擔徹底壓垮。自選商場爲我們進一步增添了的壓力，
它要求我們付出更多的勞力。

　　在中產階級中　　（消費對於他們是一種沉重的責
任，而且僕人也不是他們可輕易擁用的），我們發現了
一種精心設計的「角色組」（role-set）：在一天之中，
丈夫／妻子小組共同承擔清潔工、園丁、廚師、司機、
主人、家長、情人以及朋友的角色。事實上，在所有經
濟學家中只有加爾布雷斯注意到家庭經濟，尤其是迄今
仍爲古典經濟學所忽視的婦女的任務等現實情況。⑮經
濟學家們推測，在家庭消費管理中，婦女承擔一種隱性
僕人（cryptoservant）的角色。他們或者注意到（或
根本沒有注意到）家庭主婦（隱性僕人）在廣告中的傑
出形象。但他們在對婦女在家庭中的生產和服務，在
GNP（國民生產毛額）的統計中，卻沒有被計算進去。
加爾布雷斯寫道：

　　　　爲了規定婦女們的態度與行為，經濟系統成
　　功地建立了一套價值觀並塑造它所需要的行為
　　規範（在其他領域裡它從未如此成功過）。結
　　果……在其取得的成就裡面，經濟性因素發揮
　　了重大作用。它將管理大權賦予婦女，於是消

費就會或多或少地無限增長。在高收入家庭
裡，這種管理籌劃變成了……一種繁重的工
作。但即使在此，增長擴大也是可能發生的，
因為到了這個層次，婦女要作一個好的管理者
就必須受到良好的教育。離婚越容易，改錯糾
偏的可能性就越大，於是就越可能得到最好
的，因此，是身為隱性僕人的婦女使消費能夠
無限地進行增長。現在問題明朗化了（實際上
問題一直就明擺著）：婦女的勞動為現代經濟
作出了巨大貢獻。⑯

　　加爾布雷斯的視野廣闊，觀察的範圍極廣，然而他
卻沒有看到，關於消費婦女（consumer woman）的經濟
觀是一回事，而把現代家庭當成一座純粹的消費工廠的
觀念卻完全是另外一回事（在這座消費工廠裡，以前那
種男性專職生產、女性主管消費的伙伴關係已不復存
在）。加爾布雷斯注意到，在現代家庭裡，男性的生產
功能已大大降低，他於是便呼籲借此機會繼續推進婦女
的獨立；而要實現這一點，婦女必須掌握一筆從市場上
所賺回的工資。⑰當然，從較宏觀的角度來看，現代經
濟和政治現象表現為男性和女性均被消費化
（consumerization），與此相伴的是生產和經濟方面的
決定被轉移到較高的經濟層面上去。但這一分裂並不因
為允許婦女進入經濟的任何一種層次而有所改變——至

少在我們繼續保持消費需求和掙取工資這二者之間的界
限這一前提條件下，這個情況不可能有所改變。不知道
加爾布雷斯是否看到這個問題，但他事實上將他呼籲婦
女解放的論點轉移到另一個觀點上，即當經濟由第二級
轉向第三級的時候，也即由產品優先轉移到服務優先的
時候，女性對產品消費的管理作用將會下降，因爲服務
是自我消費，幾乎不需要什麼管理。但是由於服務業注
重體力或腦力，所以就很難確定它能解放受雇於其中的
哪種人。

　　我認爲，婦女有必要從家庭化身體（familied
body）的角度，即從婦女及其丈夫和孩子的身體的角度
來重新思考消費管理。這意味著，婦女也必須重新思考
經濟、國家、法律和醫療之間的身體性關係　（在前面
幾章我所努力想闡明的就是這一點）。但是這項工作是
如此巨大繁重，婦女們往往覺得難以勝任，她們認爲只
要獲得出門工作的機會、就能贏得自由、理性和獨立。
但是這樣一來，她們又往往不得不購買方便快速的食品
以彌補她們爲工作而損失的（做飯）時間。其間的關聯
很難明瞭。而把女人的結構性本質（structural nat-
ure）歸咎爲男人視女人爲天敵的想法只會把問題弄得
更混亂不清。作爲具體的人，我們任何人也不能對男人
或女人的社會命運保持冷漠和無動於衷，而且對於造就
我們生活的政治經濟，我們大家應共同努力進行探入的

探討。

　　大量證據表明，在美好的工作世界裡，工作婦女（或少女）正承受著越來越多的身體和情感壓力。當然有一種非常樂於助人的藥物工業能夠給婦女們提供慰藉，幫助她們從「苦惱」中解脫出來；而且我們也可以向治療型國家施加政治壓力，迫使它給婦女提供更多的「福利」、更多的「安全」。同時，儘管婦女的抽煙數量在總體上呈下降趨勢，但婦女們似乎比男性對健康忠告更不屑一顧。我認為，這充分表明婦女社會生活中所存在的矛盾，她們認為抽煙所帶來的快感和並非淫褻（risque）的刺激（risky），而是一種補償（補償她們所不能享受的在其他行業裡工作的各種快樂）。因此，通過分析一些每天可見、為大眾所熟知的香煙廣告文本，（如雲絲頓（Winston）香煙廣告：「我抽煙只有一個目的」）或許有助於我們理解我們自己是怎樣在日常經濟生活中體驗生產身體。這些廣告一般都會將焦點對準在一個女性的身體或一個男性的身體之上，而有的時候則對準在一個雌雄同體的形象上。其所傳達的信息是：「性是充滿競爭的，反過來，競爭也充滿了性意味。」以此觀之，雲絲頓香煙廣告文本所傳達的就是這麼一個觀念：一個人能登上商品世界的顛峰（「我不抽其他人抽的牌子」），而他或她的身體便是實現這種成功的手段。身體既是社會／經濟成功的源泉，又是這種

成功的認可方式。對成功的認可反映在身體的美和信心上。廣告中的女人——姑且稱她為珍（Jane）——是一位非常美麗的女人：她的頭髮經過精心整飾；服裝也非常得體；配戴的珠寶和飾品都顯現出一種高貴完美的品味。可見，抽某個品牌的香煙所暗含的成就感是通過珍的身體以及她身體之上的其他物品所傳達出來的——它們漂亮、時髦、品味高雅。珍知道她自己想要些什麼：「我抽煙只有一個目的。」這個文本所求助的是一種新的政治文化（political culture），其中婦女們知道自己該要些什麼並如何求得。「此生只為一個理由」事實上就是做一個成功的消費者。每天中的每分每秒我們都能感受到來自環境的誘惑：怎樣想像他或她的生活。這太令人著迷了：珍今天可能在佛羅里達度過，或也可能是在西班牙或葡萄牙。她可能身懷信用卡、住最好的酒店、開名貴跑車、品嚐各式美味佳餚。慾望使我們不停地處於幻想之中。在這樣一個商品社會裡，只喜愛一種東西而且還決定矢志不渝的人一定是大師級的消費權貴（a consumer sovereign）。

　　該廣告文本還有另外一句話：「我不抽其他人都抽的牌子。」當然，工業世界的基礎是大眾社會。規模化生產造就了消費者的名牌崇拜心理：它反映了我們在自己的個性（personality）和沒沒無名（anonymity）之間所達成的妥協。你和我所穿的衣服大概都是同一種品

牌的不同款式。但是我們只需對自己的衣服作一些小小的變化就可已稱是自己所獨有的。所以在此，珍是一個與眾不同的女人。如果這的確是「雲絲頓」的魅力所在，那麼它可能會賣到十美元甚至十幾美元一盒。但是「雲絲頓」必須擁有大量的消費者才可能具有價格優勢，而同時它又必須告訴它的消費者：他們是獨一無二的。因此，除了生產和消費中所耗費的勞力外，我們還必須在剩餘價值中加入幻想（fantasy）──正是通過幻想，我們才使商品具有生命力。剩餘價值越來越多地是由幻想所創造（幻想使每個人都認爲系統只爲自己服務）：「我抽煙，因爲我感到享受。」由於大量廣告向我們灌輸的是這樣的思想：抽煙者是自信而成功的人，因此，人們便會以爲享受香煙是一種自我控制的行爲而非出於純粹的狂想。「超長香煙讓我感到備加愉快，這種感覺是眞實的。眞正的品味──眞正的快感──是抽煙的全部追求。雲絲頓就是追求眞實。」而接下來卻嵌入了另外一個文本，「忠告：衛生署認爲抽煙有害您的健康。」這個文本讓我們想起了生物性身體；但擔心健康是我們自己的事，而對慾望的幻想卻被大企業所利用。這個文本忠告我們，作爲一種生物化學過程的抽煙行爲對健康有害。但它卻讓另一種念頭淹沒了，即抽煙能在一個不確定的世界裡給你自我確定感（self-assurance）；而這種自我確定感只需要買一包香煙就

能得到，它承諾能給你現實感、享受感、個人風格以及卓越不群等種種感覺。香煙廣告敦促我們以生物身體爲冒險代價去博取我們的社會生活。所以，珍的自我確定表現出的是一種反叛的認同（a rebellious conformity）。

我分析這則廣告所想表明的是，自我肯定（self-certainty）才是最美好的人生，而其根本資源卻在生產性身體之中。乍看這幅廣告圖畫，我們或許會說，珍抽煙的目的是爲了消遣。這幅廣告圖畫背景上沒有工廠、沒有丈夫、沒有小孩；珍就是她自己：年輕、美麗。她似乎只可能出現在寓言裡；她自由；她可能已婚，也可能未婚。但是她所表現出來的一切，她的青春，她的美貌都另含深意。儘管她周圍的一切呈現一種輕鬆愉快、自由自在的氣氛，但這一切（包括她的裝束）都是經過精心設計。注意她的頭髮：沒有任何人的頭髮是這個樣子。這種頭髮其實是一種化學工業產品，它使千千萬萬擁有這種頭髮的婦女感到她們能給人一種有閒階級的閒散自在的印象。珍也參與了這個詭計的運作。她就是爲這些大工業服務；她一點也不自由。事實上，在那幅廣告畫的後面，她可能早已精疲力竭、煩惱不已。

珍的對手，那位萬寶路（香煙廣告）男人也同樣如此。這位孤獨的牛仔所鐘愛的除了他嘴上叼著的煙之外

別無它物。儘管他表面上看起來自由自在，但他的內心深處卻有一把明確的尺度（如衛生署的忠告一樣），這是我們難以想像的。荒涼的西部和美國煙民在此融合為一體。它們代表著煙草工業的利益，卻全然不顧我們付出了多大的代價。

我對廣告的分析有助於揭露這樣一個事實：商品並不是它表面上所看起來的那個樣子──它們代表著對社會體制的承諾，我們就是處身於這個社會的普通成員，從每天早上起床開始，我們所做的一切──吃飯、運動、外出活動等等都是在肯定商品所代表的意識形態。現代家庭已經變得越來越缺乏人情味，即是說，變得越來越沒有生氣和活力。家裡充斥著越來越多的機器；婦女們所做的工作就是按按鈕，孩子們再也不可能體會到那種有血有肉、趣味盎然的日常生活樂趣。家庭的居住空間越來越大，但各家的陳設都源於「家俱陳設展覽會」上所展示的那些模式。因此，人人的居家擺設都是一個樣。任何人都可能（勿須考慮個人風格地）購買我們的房子。按照公開性的觀念，身體以及一切和身體緊密相關的物品就應該儘可能地暴露給人觀看──大浴室、臥室和梳妝用品的廣告展示了這一點。這樣，我們認清一個事實：身體是民主社會裡的商業美學（commercial aesthetics）所利用的一種資源，最引人注目的例子莫過於那些滿頭大汗、做著彎腰壓腿運動、

希望擁有一副健美身材的男女（但大多數人是在白費力
氣，健美身材對他們而言永遠是可望而不可求的。）。

　　當然，我們對汽車、電視、傢俱、房子、衣服、化
妝品和娛樂的消費只是表面。那麼，是否意味著這些東
西與我們的身體無關？或者我們應該這樣問，它們怎樣
和我們的身體聯繫在一起？我們的身體需要穿衣服、居
住、開車旅行，更需要吃飯。但是現在這些需求之間卻
出現了一些非常奇特的關係。由於城市商品中心離食品
產地很遠，食品必須迅速地被加工、包裝和運送，從而
使其在超級市場上也能保持新鮮。第二層需求與食品中
的化學成分有關（這些化學成分會降低食品的營養價值
甚至是有害的）。食用這類食品等於是在工作，因為
（食用者）實際上是在代替城市／工業大集團經驗一種
工業傷害的冒險（如患上癌症等）。沿著這條線索，讓
我們來看一看白人中產階級的生育行為。生育問題已成
為我們社會總體契約理性（contractual rationality）
的一部分，其媒介就是（女用）避孕藥的化學成效。在
這種保險套／避孕藥文化裡，我們有兩種技術手段將做
愛轉化成一種理性行為，因為這兩種手段能幫助我們在
做愛時決定是否要小孩。所以在現代社會裡，我們完全
可以（通過某種技術手段）使子宮和陰道成為一個具有
契約性秩序（contractual order）的地方。事實上，
我們可以用政治術語來解釋我們的身體，尤其是子宮。

這樣婦女們就可以宣稱她們有權支配自己的身體，因而也就有絕對的權利處理其體內的胎兒（如一些支持墮胎的人士所聲稱的那樣）。治療型國家能以同樣的原因對胎兒權（embryo right）和同母異父的標準（uterine standard）進行立法。像其他具體角色（role-specific）的行為一樣，按照理性的決定，性和生殖這兩種行為既可彼此分開，又可以合而為一。因此，一種看似自然的身體功能現在捲入至少三種權力系統之中，它們聲稱生殖應該被改造為一種合乎秩序的事件。我們有必要將三種觀點加以考慮，第一種是**宗教傳統**，對於生殖問題它長期以來一直擁有某種權威性的評判；第二種是**科學觀點**，它認為避孕有助於促使培養人們的自我判斷能力；第三種是**政治原則**，它以其性平等的主張以及它所暗含的其他社會權利的平等引起我們的注意。

　　然而，也有這麼一種觀點，它認為所謂的性革命其實是**更深層身體異化**（bodily alien ation）的體現，因為它把性當成一種工作，從而引發一種新的，對於性高潮配額（orgas mic quotas）和難以滿足感的焦慮；而且對於日益繁忙的人們而言，性就像工作空檔時喝咖啡休息一樣，完全是抓緊時間匆忙放鬆的手段。簡而言之，以商品形式出現的性革命可能僅僅是西方社會日益嚴重的焦慮文化（stress culture）症候的一部分。事實上，已經有證據表示，隨著女性自我解放的逐步深入

（廣義來說，它指的是婦女們越來越多地承受著原來屬
於男人工作世界裡的緊張感。），在婦女當中，抽煙、
酗酒、吸毒甚至犯罪等現象也日漸蔓延開來。

　　所有這些現象要求我們對人和社會之間的根本連帶
作一番深刻的反思，如果我們不想僅僅就意識形態或其
疆界仍不明確的社會科學支微末節進行無聊的爭論的
話。我們需要對一些基本的概念，如社會、人和政治組
織進行再思考，從中我們可以了解到：社會科學本身作
爲知識、價值觀和社會政策的資料來源這一點頗有問
題。與此相關的是，關於生物學和社會學的關係人們已
經給出了大量結論。⑱爭論可能會更加激烈。有的科學
家發現，人類有機體中的力量大量存放於其生物密碼
中。他們還認爲社會組織對於作爲人類行爲基礎的基因
密碼的改變幾乎無能無力——但或許可以予以摧毀。因
此，或許我們可以這樣來稱呼他們，生物社會學家
（biosociologists），認爲人類行爲中的各種文化是相
對而言並非重要的生物因子的變體；而後者（生物因
子）被認爲是研究人類的正確途徑。但社會學家和人類
學家對生物社會學家的觀點不敢苟同，他們認爲生物社
會學對於社會科學家鍥而不捨的努力是一種嚴重的威
脅；通過這種努力，社會科學家們希望發現那些存在於
強大、然而卻是可以改變的社會組織中的某些力量，正
是這些力量限制了人類的智慧、自由、創造性和幸福。

他們認爲生物社會學家們的努力不過是想給人類的不平等（如關於智商、性別或種族）尋找一種自然的理由。但是他們仍可以將大多數社會科學家們稱爲社會生物學家（sociobiologists）。即是說，他們均不否認人類身體機能中的能力或缺陷。但他們將這些問題放到心理／社會文化（psychosocial culture）的大背景中來進行考察，從而使它們在社會科學的研究戰略中只屬於次要的考慮對象。

或許我們會驚訝地發現，科學家們總是相互攻擊。儘管科學總是爲了維護自身的權威而聲稱自己具有純淨的客觀性，但科學史總是否認這種所謂的客觀性。一個基本的事實是，我們很難爲人類行爲制定一套標準——哪怕是在解剖學和生理學這樣的層次上都不可能，更不用說智商、情感、飲食習慣、衣著、餵養小孩以及性方面等等——與這些相關的行爲都決定於各種文化、文學、藝術、以及宗教上的不同理解。今天，有許多人持這樣一種觀點：大部分人類的生理因素，如性別和性行爲，都純粹被政治觀點所決定。事實上，人們堅持認爲，只要忽視關於我們的環境和行爲的政治性定義，任何分析人類行爲的理論和方法論都構成社會科學應當拒斥的壓抑。以這樣的觀點看來，不同社會學方法間的爭鬥無異於浪費時間，因而也是一種犯罪。

朱麗葉・米歇爾（Juliet Mitchell）非常謹愼地

提醒我們，對於使婦女們在歷史上長期處於受壓迫地位
的各種因素進行正確區分，而非簡單地認為婦女們的生
理條件降低了她們的工作價值，因而她們只適合於生兒
育女。為了對那些壓迫婦女們剝削性關係的結構進行具
體的歷史階段分析，她於 1960 年代提出四種要決定婦
女價值注意的結構：（1）生產；（2）繁衍後代；（3）
性；（4）子女的社會化。婦女的解放不能被歸結為社
會主義式自由的理想化。它要求在平等的工作條件和平
等的工作報酬、避孕措施、性的共同體驗以及使兒童社
會化的媒介等領域內進行具體的立法：

> 這實際上意味著一個協調一致的需求系統。
> 婦女狀況的四種因素間不能僅僅被視為孤立，
> 其實它們構成一個內在關係十分明確的結構。
> 在現代資產階級家庭中，（婦女）具有性、生殖
> 和社會化等三種功能，它們均受生產（男人世
> 界）功能的節制——確切地說，這一家庭結構最
> 後還是由經濟所決定。把婦女從生產——人類的
> 社會活動（*social human activity*）——中排
> 除——並把她們限制在一個高度濃縮的單一功能
> 裡；這一功能的發揮被框限在一個具體的單位
> ——家庭裡——它是由各種功能的自然成份所組
> 成的一個統一體，所有這些便是關於婦女是一
> 種自然性存在的當今社會理論定義的根源所
> 在。因此，任何解放運動的主要矛頭仍然而且

必須指向經濟性因素——婦女徹底進入大衆行
業。⑲

　　借助我先前的觀點，我們就能夠理解朱麗葉・米歇
爾爲何可以把關於婦女自然特質的社會定義和對於該定
義中的經濟利益的分析聯繫起來。然而，我們很難對當
代婦女的性和經濟解放運動作出正確的評價。首先，存
在著表徵革新（token reform）的困難；其次我們必須
知道婦女解放運動主要屬於城市中產階級、與工業化有
關的現象，其中第一代受益者是少數已經取得相對特權
的婦女。而且我們還必須認識到婦女運動對性別
（gender）和性刻板印象（sexual stereotypes）的挑
戰以及這場運動對社會大衆的喚醒：貶低婦女的價值會
導致人類潛力的損失。然而，婦女運動的領袖們應當避
免那些關於男人的經濟和政治霸權的華而不實、甚至是
暗中合謀的爭論。顯然，在人類歷史相當長的一段時間
內所存在的，而且在當今世界許多地方仍然存在的事實
就是：大部分男人及家庭曾經遭受過、而且仍然在遭受
著某些個系統的殘酷剝削——這一剝削系統與性別差異
甚少關係，但卻與財富和地位的差別大有關係。但是不
管困難有多大，有一點似乎是肯定的：婦女的社會地位
將仍然是現代社會的一大問題；改革可能會沿著好幾條
路線來進行——如果沒有婦女參與鬥爭，追求下面幾種
所有婦女的共同權利，這種改革將是難以想像的。這些

權利是：

(*1*)受教育權的平等

(*2*)工作權平等

(*3*)性平等權

(*4*)避孕控制權利的平等

(*5*)維護身體完善的權利的平等，如反對強
　　姦、色情、侮辱和藥物傷害等。

　　要贏得這些權利，就必須要求在家庭和男／女關係
之間，在學校、教會以及雇用機構中發生巨大變化。和
任何社會變遷的過程一樣，沿著這些新路線的改革推進
可能要比其宣稱的付出更多的時間。傳統、種族、社會
階級——這些都是人類行為中強大的因襲力量。而且，
我們還不能忽略人類及家庭關係中的心理因素。社會學
家艾莉絲・羅絲（Alice Rossi）提出一系列婦女解放
運動所面臨的重大問題（她是懷著極大同情來探討這些
問題）：（1）大部分自我意識仍未覺醒的婦女如何知
道怎樣利用諸如墮胎中心、托兒中心和國宅等設施？
（2）在社會大眾之中，同性戀如何才能取得與異性戀同
等的認同地位？（3）事實上男性和女性之間難道不存
在著某些神經激素（neurohormal）方面的差異嗎？難
道不正是這些差異導致（男女）各自富於進取和恭順忍
讓的不同性格嗎？（4）在他（她）們鼓吹陰蒂高潮貶

斥陰道高潮的論調中，女性主義者們難道不是企圖在性、生殖和哺乳的快感統一體之中策劃一種有悖原則的分裂嗎？⑳

　　看來婦女要奮鬥的目標還很多。因此十分遺憾的是，當現代社會擁有同樣有力的措施來迫使女性就範的時候，女性主義者還在重彈社會學的老調，認為只有傳統社會中的婦女是恭順而賢良。比如，對於現代社會所發現的母乳餵養和自然生產的優點，許多傳統社會的婦女們都只會付之以嘲弄的一笑。羅絲自己的論訛也清楚地表明，護理和醫療專業要求一種被動的身體作為受其操縱的馴良的客體的存在，因此，這兩種專業便成為培養婦女奴性意識最強大的力量。更重要的是，我們應該清楚，即使在現代社會裡也仍然存在著許多傳統的**身體意識**（body sense），這在農村地區和工作女性中，尤其是宗教和種族團體中（在那裡，現代醫學的狂熱風尚遭到了頑強的抵制）顯得尤為突出。總之，現在中產階級婦女的幻滅不應該被如此普遍地等同於人類的進步。

　　看來現代生活（尤其是加劇現代小型家庭間相對孤立性的郊區環境）似乎在丈夫／妻子關係中，因而也在子女的生活裡引起極度緊張關係。儘管婚前對浪漫愛情的理想充滿了無限憧憬，認為只要有愛情，婚後洗衣做飯也是甜甜蜜蜜；但，現實生活卻是平凡而單調。家務活動仍然是女人的工作，男人仍然要離家奔向「廣闊的

世界」，如工廠、辦公室或流動的工作地點──許多婦
女可能也外出工作（除了家務之外）。愛情的浪漫幻想
和家庭生活平凡單調的對比表明，或許逍遙自在、無憂
無慮的生活理想本身並沒有什麼問題，但男人和女人所
體驗的卻是愈來愈明顯、切膚之痛的懊惱。將焦慮轉移
到身體上的手段是抽煙、喝酒、吸毒、按摩以及各種性
愛技巧（用以補償越來越平淡而無味的婚姻）。對於家
庭生活實實在在的問題和現代社會裡個人幸福和逍遙自
在的理想之間的差距，或許男人和女人會有不同的反
應。當然，在個人如何協調家庭生活的現實和愛情理想
間的差異性這一問題上，個人的教育程度和階級地位也
是重要的變項。所以，在如何維持一個傳統的家庭並遵
守其價值原則的問題上，工人階級的母親要比中產階級
的母親更能忍辱負重。中產階級的婦女們同時擁有兩個
階級中最好的東西，儘管有時她們對自己對家庭均缺乏
強烈的信心。㉑

　　因此，在迄今為止探索成就並不豐富的社會科學的
基礎上，如果要試圖將婦女和家庭以及其他社會群體
（不管它們已受傷到什麼程度）裡進行社會變遷的嚐試
合法化，我們一定得異常小心謹慎。顯然，一些相關的
知識將日漸累積起來。我們不應該忘記，我們的政治教
育（political education）教導我們，在評判任何一
個社會科學家所謂以「發現事實」（fact-finding）為

宗旨的實際操作時，一定要採取一種健康的批判性立場。多年以前，萊昂內爾・特里林（lionel Trilling）在評論金賽（Kinsey）的《人類男性性行為》（Sextual Behavor in the Human Male）一書時，曾告誡我們要警惕社會科學以概化（generalizations）的形式呈現給我們不溫不火、似是而非的假設；他認為概化（或一般化）是民主社會的支柱，對此我們寧願冒不民主或不進步之嫌也要堅決反對它。他說：「我們可以認為，那些竭力鼓吹並希望實踐民主道德的人已經將此當成他們的預設立場，即所有的社會事實──除了被排除之物和經濟困難外──都必須被接受，不僅就科學意義而言而且就社會意義而言都必須是如此。即是說，對他們不能作任何判斷，任何關於它們的價值判斷式的結論都將是『不民主的』」。㉒一種普遍的看法是，所有社會主流在本質上就只有一家是好的，如果我們挑戰這種觀念，我們將可能被視為民主的敵人。不僅如此，還有另一種困難，即凡被認為是民主的社會潮流通常所代表的僅僅只是西方工業社會眾多自由選擇的一種體現。為爭取各種各樣的公民權，社會也付出了代價；如果我們對此不自欺欺人地視而不見的話，我們就感覺得到：為了在全世界範圍內爭取最低限度水準的營養、醫療以及公共健康方面的進步，西方人在心理社會方面的進步（psychosocial benefits）應該來得再晚一些。

　　我們知道，社會也是一種身體，如果被濫用（如同我們自己一樣），它就會遭受損傷。就世界的政治身體而言，我們所面臨的是溫飽、居住、健康和壽命等方面觸目驚心的不平等。世界的資源；由一小撮人控制著，他們為肥胖、心理疾病和生活的百無聊賴所犯愁，而世界上大多數的人卻在為那些擁有太多特權的（over-privileged）工業國家服務，甚至受到後者的奴役，難以維持起碼的溫飽。更糟糕的是，隨著一些新興國家也躋身於經濟發展的道路上，他們的食品結構轉向消費更多的肉、糖、蛋和高動物脂肪含量的食物。他們也隨之進入心臟病、糖尿病、高血壓和直腸癌等的惡性循環之中。具諷刺意義的是，引起營養不良的原因與飲食過量和食品不足都有關係。為了不斷追尋基本原材，富裕國家也不斷地將戰爭和掠奪強加在貧窮國身上，從而更進一步破壞了他們的生活。人類家庭要真正團結共處還要走很長的路。許多男人、女人和兒童正在奮鬥以贏得：

　　（ *1* ）免於飢餓的權利；

　　（ *2* ）受教育的權利；

　　（ *3* ）工作謀生的權利；

　　（ *4* ）受照顧的權利；

　　（ *5* ）政治結社和言論自由的權利。

　　不幸的是吃飽飯的人並不因為有人挨餓而有損其胃

口。這是所有工業國家所面臨的道德問題，因為它們仍
然繼續在自己社會成員之間以及在它們和經濟不發達國
家之間製造巨大的差距。只要人們能夠對自我毀滅的軍
事力量作一點小小的控制縮減，全世界人口的生活水準
就有機會得到起碼的提高。

　　綜合以上所說，我們能夠看出，人們幾乎不可避免
地要轉而求助於身體形象，以求得社會和世界秩序的平
衡發展。我的意思並不是說要實現這樣目標我們必需將
人類降低到一種單一的生存模式。其實，想要建設一個
適合生命的世界（a world right to life），沒有各
種技術和社會的協助我們終將一事無成。我們所應力圖
避免的是那種認為西方工業社會優於那些它們可以給予
施捨的社會的觀念。因為西方社會自己也是問題重重，
需要進行徹底的自我反省。我們逐漸開始明白一個事
實：專業化（professionalism）和福利國家並不能成
為所有家庭和社群的可能代理人，在已經實現工業化和
正在進行工業化的社會裡，社會科學越來越頻繁地面對
的一個問題就是它怎樣以一種互補的方式來研究家庭和
本土資源。事實上，我們有必要相信，**我們比以往任何
時候都更需重建家庭**；就其成員的福利如教育、消費和
公共健康等方面而言，家庭是作為行動的負責單位。在
此，如通常的情況一樣，即使我們比以往更具批判精
神，所謂的進步看起來也不過是傳統的不斷循環。

第五章

醫學身體

　　在前面幾章裡，我們討論了政治身體是如何在經濟
和政治層面上發揮功能。要想研究現代政治經濟結構的
生產、消費和管理過程中人的身體何以既被頌揚又遭貶
斥，這是一項非常複雜的工作。迄今為止，我們的觀察
視線所達的頂點就是身體的醫療化（the medicali-
zation of the body）。在此，我們眺望到了工業化
社會的一塊新疆土。它主要是專業英雄主義
（professional heroism）進行官僚體制設計
（bureaucratized choreography）的場所：其中，一種
身體利用世界上最精密的醫學技術對另一種身體進行測
探。再也沒有比這個更適合作為現代社會的劇情說明書

（scenario）：其大吹擂鼓的階段平等、專門知識
（expertise）以及其無神論的人道主義等不僅是醫學肥
皂劇（medical soap-operas）的素材，也是我們最基
本的意識形態。

　　任何一位科學家都沒有能力跟上醫學生物學
（medical biology）的所有發展。的確，想要憑一己之
力在一個涉及自然科學各個新興學科，而且新的生命探
究典範（paradigms）又在不斷地突破各個科學疆界的
領域內獨霸一方的想法是愚不可及的。我還要聲明的
是，我所說的一切都不是意味著否定現代醫學中真正科
學的成份，即那種人類尊重自然、自然也尊重人類、人
類以其工藝技術的洞察涉入自然運作的方式。這一點強
納生・米勒（Jonathan Miller）在《被追問的身體》
（The Body in Question）中有生動的描述。關於醫學
的生物學，社會學家所能提供的視域就是以一種警醒的
方式忠告我們。醫學生物學的發現越來越多地要求我們
對生命、個體、家庭和社會進行再思考，而不是把它們
當成電視或汽車那樣的有用之物。如果沒有人類新需求
的增長和觀念的更新，即使後兩種東西（電視和汽車）
也不容易融入人類的家庭環境裡。粗略地算來，迄今為
止，在過去大約兩百年時社會裡一直在為工業化進程提
供一種培育環境。但現在我們已經掌握了兩種現代技
術，即核能技術──它能毀滅人類社會；醫療技術──

它能重塑人類社會。接下來我們將簡要論述的正是醫療
技術對個人、家庭和現代治療型國家所作的承諾。現代
醫學主要是技術專家型政治 （technocratic）或官僚
型政治 （bureaucratic）。更重要的是它本清白。正
因 爲 如 此 ， 它 便 成 爲 企 圖 實 施 治 療 型 統 治
（therapeutic　control）的現代行政國家
（administrative）中各種其他統治力量（managerial
power）的嫉妒對象。除此之外，如同國家官僚政治
（state bureaucracy）一樣，醫學官僚政治（medical
bureaucracy）也具有自然傾向。文森特・納瓦羅
（Vicente Novarro）指出：

　　　　最近十年內，醫療部門已構成健康的主要威
　　脅。現在由於醫療而引起的憂鬱症、傳染、殘
　　疾和機能失調對給人們帶來的痛苦遠超過了交
　　通和工業事故。只有因爲工業食品生產而引起
　　的機能損傷的嚴重性才能和醫生對身體造成的
　　殘害相比擬。除此之外，現代醫學還通過與一
　　個病態社會的合謀而人爲地製造出多種疾病
　　來，而這一病態社會所做的不僅是通過工業來
　　維持其病態性。而且還通過網絡化形成大量培
　　養出治療者所需的病人。最後，那些所謂的健
　　康專業（*health professions*）卻有著一種間接
　　的致病力 （*sickening power*），或一種結構
　　性地有損健康的效果（*a structurally health-*

denying effect)。它把疼痛、疾病和死亡這些
本是個人應與之奮戰的東西轉化成一個技術性
問題，因而便剝奪了人們自我奮鬥以改變其生
存條件的權利。①

　　身體的醫療化（the medicalization of the body）
是我們前幾章裡所研究過的身體全面工業化（He per-
vasive industrialization of the body）中的一個重
要組成部份。②通過身體的醫學化，我們被社會化；我
們把生命的每個階段——懷孕、生產、哺育、性愛、疾
病、痛苦、衰老、死亡等——均置於專業化和官僚化的
中心來處置；而專業化的功能在我看來不過是想促成身
體的去家庭化（the defamilization of the body）。
這一進程的終極目標（具體地講，這一目標將由醫學、
心理分析、法律和關於婦女生理解放的政治學來完成）
就是由國家醫療管理（state therapeutic admini-
stration）來掌管生命的誕生和死亡，從而將所有生命
納入市場之中。當然，在其白袍之下，專業醫學身體同
樣掩蓋了階級、性別和種族的特徵：醫生大都是中上階
級的白人男性，護士和其他輔助人員多半來自下層社會
或工人階級家庭的女性。理論上來說，醫學實踐在處理
健康問題時是和機械論的模式、高技術以及非社會學的
方法相聯繫。按照同樣的邏輯，治療手法因具體個人的
不同而有所差異；但由於大規模地對病人採取自願或非

自願的化學療法，醫療就和大宗壟斷行業的利益達成一
致性。身心疾病的社會根源不在醫學的考察範圍內。工
人的精神錯亂、職業病以及環境污染中的致癌物質構成
醫學的政治經濟研究中的基本問題，但它們卻被排除在
當今主要的醫療方式之外。比如，人們投入了大量經費
對心臟病進行研究，試圖找到適合具體個人的諸如節
食、運動或基因遺傳方面的治療方法；在研究中人們發
現長壽與工作的滿足（work satisfaction）密切相
關，但這一點卻被醫學專家輕易地忽略，因為它不太符
合個人化的診斷（individualized diagnosis）。一個
特別工作小組在給健康、教育和福利部長的報告中這樣
寫道：

> 在有關衰老長達 *15* 年的研究中，人們發現
> 影響長壽與否最重要的因素就是工作的滿足與
> 否。第二重要的因素是身心的「愉快……」。其
> 他因素無疑也都很重要──如良好的飲食習慣、
> 醫療保健和基因遺傳等。但研究結果顯示，在
> 引起死亡的主要疾病──心臟病的成因中，上述
> 因素僅佔 *25%*。這即是說，即使我們能完全控制
> 膽固醇、血壓、抽煙、葡萄糖攝取量、血清尿
> 酸等因素，也只有 *1/4* 的冠心病能被控制。儘管
> 對這一問題的研究還未得出最終的結論，但我
> 們還是可以看得出來：工作角色、工作環境以
> 及其他一些社會性因素與其他 *70%* 的致命成因密

切相關。③

關於機械論模式如何在其診斷和治療中利用了關於身體、人格和社會這些非常具體的觀念這一問題，彼得・曼寧（Peter Manning）和霍拉西奧・法布里加（Horacio Fabrega）④在其對現代非人格化醫學（im-personalistic medicine）和人格化民俗系統（personalistic folk system）所作的對比研究中得到了很好的闡發：

非人格系統	人格系統
1. 身體和自我從邏輯意義上和社會意義上來說均被看成是彼此不同的實體。	*1.* 從邏輯意義而言，身體和自我並非彼此不同的實體：它們構成了一個連續體。其中一方發生了變化必然引起另一方的變化，兩種變化彼此不可分離。
2. 從邏輯構成形式而言，健康或疾病或者說「常態和病態」不可能既適用於身體也適用於自我。	*2.* 從邏輯上來說，健康和身體不能被認為彼此是互相排斥的。

3.社會關係可以被分割、隔離，其存在往往根據具體情況而定，既是說存在著許多處於孤立狀態中的自我和角色。

3.社會關係是不可分割的，它具有彌散性和包容性（*encompassing*），也就是說幾乎沒有缺乏緊密聯繫而又確實存在的角色和自我。

4.相對而言，社會關係具有形式性（*formal*）和非人格性（*impersonal*），對於其評價無須參照一個首尾一致的道德判斷框架。

4.社會關係不太具有形式性，但是具有強烈的人格性，它們被納入一個首尾一致的道德框架中，這個道德框架的合法性由一種較高的，即神聖的權威所決定。

5.身體被納入一個生物學的框架內進行描述，即是說，關於健康問題的日常論述（*everyday discourse*）幾乎被生物學術語和科學知識的解釋徹底摧毀。

5.身體不被視為一種可以與人際關係相分離的獨立實體；在以科學為基礎的生物學術語中，日常論述所佔的數量不大。

6. 身體被理解為一架構造複雜的生理機器。

6. 身體被理解為一個由自我和社會所組成的完整、統一的實體，但這個統一體卻相當脆弱，極易受到情感、他人、自然力量或精神的影響。

7. 按照邏輯，身體的結構和功能被分割為幾種具體的部位和系統。功能層次及其相互間的依賴性關係被以一種較為精確的方式區分開來。

7. 關於身體的各種概念並不太精確。即使作為一種解剖性的和生理學的身體，身體也只具有廣泛意義上的可分割性。關於身體的功能和各部位的意義其描述十分簡單。

8. 從邏輯上說，健康和其恢復取決於作為生理實體的身體或者作為精神實體的自我的身體。

8.（身體）健康與社會和諧是相互呼應的。除了與身體有關外，健康的恢復還取決於（a）社會關係的重新平衡與

和諧，（b）情感和
精神力量的淨化，
和／或（c）以社會
禮儀為紐帶的恢復
平衡。

9. 人格在人際關係中
被認為是一種獨具
特色的因素———據
信它是展示「自我
認同」的手段，而
且幾乎被概念化為
一種能解釋行為的
獨特實體。

9. 人格不能作為一種
獨立的實體而存
在；所有關係均具
有交易性和多元聯
繫性；在這些關係
中展現出來的主要
情感基調和人際交
往風格正是最具個
人化特徵的東西。

10. 性格類型的人格
特徵在疾病的診
斷中僅具有最低
限度的意義。所
謂「易怒」、「感
覺遲鈍」、「愚蠢」
等性格特徵的確
存在，但它們是
社會性、而非生
物性。

10. 性格類型和自我
展現與疾病的起
因、類別、診斷
和治療等具有內
在的聯繫或存在
著 同 型 性
（isomorphic）關
係。

11. 疾病的存在與上 　述自我呈現的方 　式無關。	11. 疾病的存在與自 　我呈現的方式密 　切相關。

自我和身體

　　伊萬・伊利區（Ivan Illich）認為在西方工業化社會裡，身體的醫學化已達幾近流行病的程度。當然，不參考醫學我們就難以理解這個論點。確切地說，這個問題關涉到我們是否應當儘可能地擁有醫學知識、誰來擁有、為何擁有，以及我們是否應該拋棄那些迄今為止仍然在診治血肉之軀的普通疾病中大顯身手的舊醫學（paramedical）或非醫學活動，每天我們都能讀到關於不必要的外科手術（尤其是針對女人）、過分使用鎮靜劑以及除了展現醫療技術外毫無意義的延續生命的種種報導。在此，重要的因素是外科醫生的數量、健保花費的性質、以及醫院床位和醫輔人員的規模等問題。不是每一個人都能得到專家的單獨治療，人們便更多地看門診和作住院治療。伊里區指出，生活的醫療化是廣義工業化的一部分；它使所有普通人的好奇心、求知欲、衝突、放鬆、休閒以及創造性等都變得「有問題」，從而迫使人們四處求助「建議忠告」。這樣一來，那些專家們如律師、醫生、教授、顧問以及心理醫生便能在工業

化和官僚化的（主／雇、醫生／病人等）關係軌道內發
揮其能力：「醫療復仇女神」（Medical Nemesis）不僅
是各種醫學分支的總和，也不僅是治療不當、馬虎大
意、專業性冷淡麻木（professional callousness）、
政治權利的分配不當（political maldistribution）、
醫學所裁定的疾病（medically decreed disability）
以及其他所有因醫學實驗和醫療事故所引起的後果的總
和。它的本質在於通過一種維修服務來剝奪人類的自我
應付能力；從而使人類能更好地服務於工業系統。」⑤

　　很顯然，如果不參照政治身體，醫學實踐則難以被
檢測，因爲它不僅只有在政治身體才能發揮功能，而且
還會給政治身體帶來有益或有害的影響。理查·梯特矛
斯（Richard Titmuss）對醫學和政治身體之間緊密關
係的性質作了十分細緻的比較研究。他的論述沒有伊里
區那樣浮誇空洞，而是觸及到人類社會的基本原則。⑥
但是，阿米泰·艾特日奧尼（Amitai Etzioni）認爲，
伊里區的論著提出如何在當今這個充滿非人性因素的市
場化社會裡進行醫藥物資的分配問題（這個市場化社會
的管理者是商人而非醫生），所以，他的觀點仍然很重
要。我們正生活在一場生物醫學的革命中，這場革命的
動力來源於科學家的專業興趣，而他們對其社會和政治
後果拒絕承擔任何責任。而且，社會科學家們也固守著
所謂自然科學價値中立的立場，這說明他們並未努力做

好應付這一艱鉅工作的準備。因此，對這些問題的所有
討論應該在大眾領域內進行。而如果平民大眾也深感有
必要加入對這些問題的探索的話，這就表明政治身體本
身的生存開始遇上挑戰。同時，它也就政治教育提出一
些關鍵性的問題。醫學生物學或生物醫學（medical
biology or biomedicine）很快就超出我們所有人的
知識範圍──不管我們讀過幾年書、拿過幾個大學學
位、讀不讀報紙、雜誌和書籍或看不看電視等。總之，
對於技術的細節性知識、對技術問題和倫理問題的糾
結、對於由此而來極為複雜的可能性決策等等，我們都
還沒有作好充分的應付準備；或許有一天精密的醫學技
術會將我們拋向生死均由國家政府決定的夢魘。

　　在個人和集體兩個層次上，生物醫學就重塑政治身
體的技術潛力提出一些現代社會所面臨的，關於倫理和
政治決策上最難解答的問題。⑦我們將政治身體機械化
的能力與日俱增，如果我們不希望政治身體完全依靠義
肢生活的話，要求我們更加重視關於身體的道德遺產及
其擬人論傳統。為了說明這些問題，我下面要舉一個例
子，它涉及利他主義和利己主義在關於人的血液的採集
和分配時所遵循的市場模式和非市場模式之間的選擇。
從這個例子入手，我們就可以著手考察生物醫學和基因
工程中某些神秘形式所包含的政治和社會方面的意義。
⑧梯特矛斯寫道：「與檢驗人類自身以及把男人女人作

為市場上的商品的奴隸傳統無關，血液作為生命必不可少的一種元素，在當今的西方社會中已成為測試『社會』和『經濟』問題的最高手段。如果理論和法律認可血液是一種可交換的商品，那麼毫無疑問，像心臟、腎臟、眼睛及其他身體器官也都可以被當成可以在市場上自由買賣的商品。」⑨

在所有人類社會和種族中，血液都被認為是生命象徵或生命之源。此外，對於血液人們還懷有某種敬畏之情。它象徵著生命和死亡、健康和繁衍、神聖的犧牲和卑鄙的謀殺。戰鬥中流的血是高貴的，月經時流的血是污穢的。血是激情以及個人和民族性格的傳遞工具。因而，血是一種文化物質而非僅僅是生物學意義的物質。簡而言之，研究血液的產生、構成和循環等不僅是一個複雜的生物學問題，我們面臨的同樣困難的問題是研究人類血液的社會生產、消費和循環。⑩當然，現代醫學的成就有助於我們對這一問題的研究。但除此之外，我們還必須掌握與政治身體內在血液系統相關的社會組織及價值觀方面的知識，否則我們便不能整體的理解人類血液供需的全貌。因此，我們必須掌握一些關於醫學技術發展方面的知識，其中輸血技術的意義尤為重大——從開胸手術到剖腹生產手術的輸血——以及戰爭、意外和延續生命等對血液的需求。除了血型、儲存的血液容易變質、捐血的頻率、以及捐血者的種類（如兒童、老

人和傳染病帶原者便不能獻血）等方面的限制之外，社
會的供血能力似乎還受到一些血液管理和分配方面的因
素限制。也就是說，在各個醫療部門間將出現對血液擁
有量的競爭，這樣就自然而然產生了誰應享有優先權的
問題。這個問題多少可以依賴市場力量解決，或者進行
社會主義式的計劃分配。但這兩種選擇之間的分界線事
實上並不那麼明顯，因爲市場模式對所採集血液的質量
可能產生有害的影響。梯特矛斯的例子表明市場往往傾
向從被監禁的或受組織約束的人口（如因犯、學生和現
役軍人）中收集血液。而且通常還存在一些其他的問
題，比如像是捐血者的健康、生活水準、人品是否誠
實、以及他（她）是否爲了報酬而過於頻繁地捐血。另
外採血商還經常將其所採集的血液不加區分地混在一起
或過分延長其儲存期限，結果就是高肝炎發病率和死亡
率，尤其是在年過40歲的人當中，因爲這類人是主要
可能需要輸血的人。私有化的市場系統對捐血者和受輸
血者都是十分危險。⑪此外它還會破壞義務性的捐血制
度，使得社會永遠不可能有充足的血源。由於血液污
染，不必要的手術，傳染病以及高死亡率等引起的浪費
都可歸咎於市場模式的捐血機制，這還不包括對死和生
採用商業化態度所付出的社會代價。梯特矛斯評論道：

從我們對美國私有化採（供）血市場的研究

中我們可以得出一個結論：血液和捐血者之間
關係的商業化壓抑了利他主義的表達，破壞了
群體意識，降低了科學標準，限制了個人和職
業的自由，鼓勵醫院和藥廠進行利潤創收，使
醫生和病人間的敵對關係合法化，把關鍵性的
醫療領域置於市場法則的操縱之下，給那些最
無力承受（輸血）的人施加巨大的經濟負擔——
如窮人、病人和殘疾人士等——增加各醫療部門
的非倫理性行為滋生蔓延的危險性，結果便是
賣血者之中越來越多的是窮人、無一技之長的
人、失業者、黑人以及其他一些低收入的人們
和被剝削的血液高產者。血液和血液製成品從
窮人流往富人是美國血液金融系統的一大特
點。⑫

　　即使撇開倫理問題不談，採血的市場模式（爲了適
應越來越複雜的基因工程而，正日漸擴大），從經濟、
管理、造價、品質等各方面而言，都劣於義務、利他主
義式的捐血系統。接下來，讓我們來看一看生物醫學方
面的一些最新發展，以便全面地再現身體醫學化及其對
政治身體生命所帶來的影響。我們關於影響我們血管中
血液品質的社會環境的論述——以及我們先前曾討論過
的另一因素：食品——足以讓我們相信在政治身體的隱
喻中，社會、身體和個人之間存在著緊密的聯繫。現在
讓我們來討論一下在懷孕、受精、避孕、生產和墮胎的

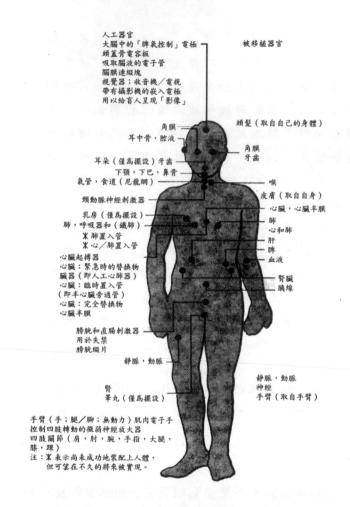

人工器官
大腦中的「脾氣控制」電極
頭蓋骨電容板
吸取腦液的電子管
腦膜連結塊
視覺；收音機／電視
帶有攝影機的嵌入電極
用以給盲人呈現「影像」

被移植器官

角膜
耳中骨，腔液
耳朵（僅為擺設）牙齒
下顎，下巴，鼻骨
氣管，食道（尼龍網）
頸動脈神經刺激器
乳房（僅為擺設）
肺，呼吸器和（鐵肺）
※肺置入管
※心／肺置入管
心臟起搏器
臟器：緊急時的替換物
（即人工心肺器）
心臟：臨時置入管
（即半心臟旁通管）
心臟：完全替換物
心臟半膜
膀胱和直腸刺激器
用於失禁
膀胱綴片
靜脈，動脈
腎
睾丸（僅為擺設）
手臂（手；腿／腳；無動力）肌肉電子手
控制四肢轉動的微弱神經放大器
四肢關節（肩，肘，腕，手指，大腿，
膝，踝）
注：※表示尚未成功地裝配上人體，
　　但可望在不久的將來被實現。

頭髮（取自自己的身體）
角膜
牙齒
喉
皮膚（取自自身）
心臟，心臟半膜
肺
心和肺
肝
脾
血液
腎臟
胰腺
靜脈，動脈
神經
手臂（取自手臂）

〔插圖5〕除了肺和心／肺裝置管之外，圖中所有器官均已研製成功並可能對臨床醫學產生深遠的影響。一些不太重要的人工製品如假牙沒有包括在內；由於一些技術和論理性問題，還有些移植技術並未付諸實施（如整眼移植），有的則尚在口頭討論的階段（如從其他人身上移置四肢或生殖線）。選自Gerald Leach，The Biocrat（London：Jonathan Cape Ltd。，Penguin，1992），by permission of Jonashan Cape Ltd。

過程中，生物醫學技術受到了哪些因素的影響。爲了挽
救生命，我們已經擁有活體器官移植手術、人造器官、
心臟、血液和腎臟系統的機械輔助裝置——當然科幻小
說中的體外大腦不在此列。最近，我們又有了試管嬰兒
技術，以及關於基因的DNA物質基因工程技術。這些實
驗已被視爲生物醫學未來市場的新疆域。這些技術的首
批顧客將是不孕婦女和尋找父母的兒童。漸漸地，市場
將分化；顧客將可能自由地選擇懷孕時間、性別和基因
類別。要不了多久，家庭、社團和政府將可能授意生產
他們所中意某種的類型，或者說利用化學治療技術來調
整個人的行爲、性格和態度以適應社會的需要。在兩個
方向上，政治身體的醫學化被進一步推進——即消費家
庭和治療型國家。於是，一種巨大生物工程工業將被建
立在以人類基因爲原料的基礎上，從而完善精液和胎兒
以及各種可移置配件身體的金融系統——至此，身體工
業化便宣告完成。試比較「配件人」（spare-part man）
（見插圖5）和「百科全書式人」（見前文插圖2）間的
形態差異。

　　關於身體的生物醫學工程代表著身體工業化疆域的
進一步拓展。正是如此，國家和市場能夠對政治身體產
生最深遠的影響，比如製造基因物質、控制人口統計學
和社會心理學。就此而言，現在就可以看出人類的身體
必將迎接一個「義肢式的未來」（prosthetic futu-

re）。這決不是虛構的烏托邦。

有意思的是，用義肢重塑身體形態的可能性也正是我們力圖建構這種社會時所碰到的社會形態方面的問題（sociomorphic problem）。正是在這裡，我們的想像力遭遇阻礙。現在，傳統醫學仍大量採用各種精妙的傳統醫療技術，並將其廣泛地運用於戰爭損傷、交通事故、酗酒、尼古丁、冠心病、癌症以及心理錯亂的治療。由於在醫院健保方面存在著階級差別，於是就自然而然地產生誰擁有優先醫療的保健權。就花費／回報的分析情況來看，解決這些問題不是那麼容易，因為決定某些相對價值系數十分困難，比如在青年人和老年人之間或者有工作的人和失業人之間，誰的生命比較值錢？再比如說在健保費和治療費之間哪種花費最值得？更不用提現存的一些預防和治療以及關於健康計劃觀念相對價值的問題。除此之外，和這些問題相聯繫的還有法律和管理等十分重要的問題。

我們或許可以問問生物醫學工程是否應該追求其技術可能性。我們或許還可以問社會應該在多大程度上允諾個人享受生物醫學帶給人的服務。而尤其困難的是關於此領域內決策者的問題——決策者應該是消費者個人？家庭？醫生？醫學大學？醫院院務委員會？社區？或是衛生部門？我們是否應當發生醫療彩票以分派昂貴的治療費？問題太多太多，難以窮盡。今後父母是否會

將胚胎的繁殖任務委託給基因複製（克隆）以便獲得他
們所希望得到的藝術家、政治家、體育運動員或者科學
家等諸如此類的人？國家（政府）是否應該介入個人的
決定？它是否應該擁用其生物醫學計劃？艾特日奧尼一
一列舉出這些選擇的可能性：⑬

	治療目標	培育目標
個人服務	*1* 舉例：依照請求將畸形始兒流產	*3* 舉例：人工授精；父母有權選擇捐獻的各方面特徵
社會服務	*2*	*4*
自願	舉例：鼓勵人們對畸形胎兒流產	舉例：敦促人們採用高智商的人所捐獻的精子
強迫	舉例：領取結婚證之前必須進行基因檢查	舉例：禁止智力低下的人結婚

　　我們可以天眞地將這些選擇設想爲消費行爲的延伸，它們可以導致精子商店、胎兒工廠、墮胎診所以及身體器官倉庫的出現。的確，我們確實可以想像有一天某些生物醫學機械會隨著家庭成員越來越依靠機器維持生命（長期或短期）而進入家庭日用品中。或者說，如果我們對家庭、醫療部門和國家之間的相對地位只作想當然爾的設想的話，那麼這些藍圖還是可以想像。一旦人們認爲生物醫學可以幫助人類解決諸如生育、疾病和早夭之類的問題時，人們還是會接受它的到來。然而，一旦人們改變看法，生物醫學的功能也隨之發生變化。我們應該清楚，存在著一個社會化和個人主義的文化發源地，是它將一種最高價值原則強加在個人生活之上。我之所以特地使用「個人生活」而非「人類生活」的表達方法，是因爲我想強調個人生活觀念中佔有慾的特徵。生命之旅十分短暫；核心家庭越來越難束縛個人；爲了消費出現許多不要小孩的家庭。在這些情況之下，新個人主義（neo-individual）便越來越沉迷於追求他或她的生命延長和生活品質。就此而言，醫藥產業便成爲他和她的生活支柱，因爲只有這種產業才能提供質優而價廉的基因物質、優質組合的嬰兒以及生理、精神和情感方面的健康快樂，從而將逃避死亡的機率交給越來越精密的機器來決定。

　　在各種社會制度的核心都存在著一種互惠互利的原

則——即那種為了使每一個人的事業都獲得成功的互相
交換原則，它將人們緊密地聯繫在一起。和封閉社會相
比，現代工業社會似乎弱化了這種關係的連帶。但實際
上，它仍然存在；但由於人們沒有限度的追求物質和名
譽，所以很難按造嚴格的道德性經濟原則來界定交換。
然而，正如梯特矛斯所言，身體醫學化再一次要求我們
學會使用利他主義的經濟原則，只有它才能再次讓我們
感到我們都是社會性的身體。⑭面對由生物醫學製品、
操作和交換所構成的新經濟型態的來臨，市場並沒有作
好充分的準備以此來服務政治身體。義務捐血是無價
的；義務捐血者越多越好；這種精神應予以鼓勵。義務
捐血是仁義社會的象徵；其採集和饋贈是該社會成員對
素不相識之人所獻出的無言之愛。從社會的角度而言，
血液循環之於社會倫理生命與它之於個體生命一樣至關
重要。梯特予斯還認為，血液循環理論在每一個細節上
都同樣適用於一個由生物醫學所建構起來的社會組織：

　　　社會組織和建構其機體的方式——尤其是其
　健康和福利系統——對激發或壓制人身上的利他
　主義十分重要；這種系統可以導致聚合或疏
　離，它能激發「義務胸懷」（用莫斯的話來講）—
　—即向陌生人施予慷慨——並以這種美德感染各
　社會族群和後代。這……就是 20 世紀所謂自由
　的一種體現，它與那種在物質佔有中強調消費

者選擇的觀點十分不同。然而，技術型、專業
化、大規模組織起來的現代社會何以阻撓通人
在其家庭和人際關係網之外對陌生人表現奉獻
精神，對此我們仍感迷惑不解。⑮

　　醫學身體是消費主義的具體體現。生產並服務於醫
學身體的生物技術代表了社會經濟和政治力量一體化發
展的最後階段，它終將導致對去家庭化個人
（defamilized individual）的束縛。關於避孕藥、流
產以及基因選擇的政治意識形態掩蓋這些所謂能給人們
帶來解放的生物技術中的生理方面的危險；它同時還掩
蓋一個悖論，即通過身體醫學化，生物技術可能成為一
種治療系統中的控制力量——它對政治身體的控制將超
過以往任何一種社會和政治形式。更為重要的是，此種
意識形態的追隨者們沒有看到，當自由主義福利國家的
社會控制能夠以商業主義和福利權利成功地誘使個人向
它表示臣服之時，它從來都不會兌現其美麗新世界
（brave new world）的承諾。如果是馬克思，他可能
不會忽略這一點，因為正是他首次預見：只有當個人被
去家庭化和去群體化，被轉變成一種自己對自己負責的
市場參與者之後，奴隸制才真正變成一個過去的歷史事
件。在了解了這些見解之後，我們就比較容易理解傅科
的一些精妙論述。⑯批評家們普遍都認為傅科的觀點十

分難瞭解——這主要是因為歷史學家和政治科學家們不
習慣將身體視為分析權力和科學論述的核心角色。我認
為，我們正在探索的方向有助於我們理解傅科何以對政
治解剖學的研究如此執著。通過強調身體有助於思考和
佔有這一論點，我們實際上就已經掌握了傅科看似複雜
觀點的基礎，即權力的功能並不是佔有，它也不是一種
施加在身體上的強力。政治和經濟權力的運作並非簡單
地指向對被動身體（passive bodies）的控制或對政治
身體的抑制，而是生產出奴性身體（d o c i l e
bodies）。這就意味著我們必須拋棄那些源自於一種簡
化的生理性身體觀念的政治構思——按照這些觀點，身
體受到一些難以駕馭力量的推動，因而如果要以道德和
政治秩序來規範我們生活的話，那些難以駕馭的力量必
須受到控制。一旦我們將生理性身體和交往性身體區別
開來（如我們前面所示），我們就有可能發展出一些以
生理性身體為中心的自足象徵系統——如藝術、舞蹈、
體育、尤其是醫學。反過來，醫學實踐也能夠發展出一
些論述性語言（discursive languages），用以外化、
擴展和控制健康、性、生育、心情和侵犯（這些功能都
大大超出了自然身體的能力。）。

　　在前面幾章裡我們已經看到經濟怎樣成功地拓展生
產性身體。由於權力、醫學和商業的介入並拓展了生產
性身體，我曾經指出，我們不應該只是簡單地創造一種

被動身體，而應將研究的重心集中在政治身體的微觀操
作程序上，也就是說不應該在關於政治上層建築何以從
屬於經濟基礎上的意識形態闡述中糾纏不清，因為這些
無謂的爭執並沒有真正揭示具體的社會經濟和社會程序
是如何使得個人自願接受奴性思想。在《規訓與懲罰》
（Discipline and Punish）一書中，傅科這樣寫道：

> 分析身體的政治外衣（*political invest-
> ment*）和權力的微觀物理學（*microphysics of
> power*）預示著人們拋棄了——在此牽涉到權力
> ——暴力／意識形態之間的對立、資產的隱喻、
> 契約或征服的模式；以及——在此牽涉到了知識
> ——人們拋棄了「有興趣」的和「倒胃口」的之
> 間的對立。以及知識的模式和主體的首要性之
> 間的對立。借用一個佩蒂（*Petty*）及其同代人
> 所用過的詞，但同時又給它賦予一種不同於 *17*
> 世紀時的意義，我們就能想像一種政治「解剖
> 學」。這將不是以一種「身體」來研究國家（利
> 用身體的元素、身體的資源和身體的力量），也
> 不是以一個小型的國家來研究身體及其周圍之
> 物。人們將要涉及到的是「政治身體」——它是
> 一系列物質元素和技術，能夠作為武器、仲
> 介、溝通路線和權力／知識關係的支撐物——這
> 些東西通過將人的身體轉化成知識的客體從而
> 包裹並壓制著人的身體。⑰

　　和我在前幾章的努力一樣，我在此所力圖想闡明的
是：現代社會之所以被如此全面徹底地擬人論化不是因
為其認識權力，正確地說是因為它是作為體現權力
（embodied powers）而發生的效應。這些權力通過使我
們自己將自己當成奴性主體（docile subjects）而控
制著我們。而且，它們對意識形態十分冷淡——它們能
通過市場機制而發揮國家的運作功能。事實上，西方社
會一直都在國家和經濟之間尋求建立一種相互依賴關
係；這種關係培育出的社會機構腐蝕了家庭的堡壘功能
並將個人拋入治療型國家的禁錮中。在此並無任何陰謀
可言——也沒有這個必要。畢竟經濟也以一種行醫濟世
的方式來推銷自己，它假裝能幫助個人抵抗和預防生活
中的各種偶發性。商人、律師、醫生、精神醫生和社會
學家們自己並不認為（其顧客和病人也不認為他們）自
己是社會控制的代言人，因為他們相信自己要麼是在給
市場提供個人服務，要麼承擔著國家所賦予他們的功能
和權利。

　　只有沿著這條思路我們才能明白當代人何以為性、
性濫交、性解放和性權利等投入了如此濃厚的醫療性意
義。在《性史》中，傅科解釋道：

　　　醫療檢查、精神病研究、教學報告以及家庭
　　控制等行為的所有目的就是對企圖為所欲為

的、非生育性的性行為（*all wayward and un-productive sexualities*）說「不」。但事實上性功能機制受兩種力量推動，即快感和權力。一方面快感來自詢問、檢查、監視、發現、觸摸、揭示等權力的行使，而另一方面快感也來自於被點燃的慾望，它力圖掙脫、逃避、欺騙或歪曲這種權力。權力一方面讓它所求的快感侵入自身，而另一方面又抗拒著快感的侵襲，它所認定的快感在於揭示、厭惡和反抗快感的入侵。壓制與誘惑、互相對峙和互相鼓勵、父母和子女、成年人和青少年、教師和學生、醫生和病人、精神病醫生及其歇斯底里、變態的病人——自從 19 世紀以來，這種遊戲就一直在進行著。這些誘惑、這些逃避、這些循環的刺激、都圍繞著身體和性而存在著，它們之間並無不可逾越的界限，**有的只是權力和快感之間永恆的螺旋狀結狀態。**⑱

在前幾章裡我們花了大量時間來分析食物和抽煙行為以及其他各種身體技巧。在政治身體那章裡我曾指出，政治運作程序可能由批判性的論述策略（critical discursive strategies）所制定；這些策略的目的在於分析並培養出適用於生物性身體、生產性身體和力比多身體的價值準則，這三種身體是家庭和政治身體中互有區別的三個層面。與此相似的是，傅科也提出了四種

研究此種批判性論述的規則，這種研究的前提是有一個
給定的權力／知識場所，如關於肉體的懺悔性詢問和對
嬰兒身體的訓誡性監管：⑲

I. 內在性（immanence）原則

如果性被建構成一個被探究的領域，這僅
僅是由於權力關係使其如此；反過來説，
如果權力能使它成為被探究的靶子，這僅
僅是因為知識技巧（*techniques of know-
ledge*）和論述程序（*procedures of dis-
course*）有能力探究它。

II. 持續的差異性（continual variance）原則

我們不應該去追問在性秩序中誰掌握著權
力（男人、成人、父母、醫生）？以及誰
被剝奪了此權力（婦女、青少年、子女、
病人）？；也不應該去追問誰有權知道，
誰又應保持愚昧。我們所應該做的是去尋
求那種由權力關係在其程序運作的特性中
所暗示出的調節模式（*pattern of modif-
ication*）。

III. 雙重條件限制（double conditioning）原則

沒有任何「本土中心」（*local center*）或

任何「轉化模式」(*pattern of transfo-
rmation*)能夠發揮功能——如果它不通過
一系列步驟而最終進入一種總體戰略。那
麼反過來，沒有任何戰略能發揮全面效果
——如果它不從細微的關係作用中得到支
持的話，這種支持不是作為其作用點或最
終結果，而是作為支柱的拋錨點發生作
用。

IV. 論述的多種機變性 (the tactical poly-valence of discourse) 原則

我們不能依靠那些關於性的論述來探索它
們源於哪一種策略、遵守哪種道德標準、
或代表哪種——主導的或非主導的——意
識形態；對它們的追問只能在其戰術效用
(它們所肯定的是哪些權力和知識的互相
效應) 和戰略合成 (在各種衝突發生時，
哪種聯合協作和力量關係成全了其功用
性) 兩個層面上展開。

不管引起我們自己身上那些邪惡傾向的根本原因是
什麼，有一點是眾所周知：那就是性幾乎成為我們進行
自我攻擊的一種手段。對某些詮釋者而言，這僅僅是由
於法律和道德約束解禁後的產物——一旦沒有前者的約
束，性就會將我們吞沒。但是正如我在前面所指出的那

樣，如果我們把性別化的性（gendered sex）和個人化
的性欲（individualized sexuality）區分開來的話，
我們所處理的就是一種關於性學的體制化論述
（institut-ionalized discourse）的巨大膨脹——法
律、醫學、精神病理學、色情論述的膨脹——從而使得
生物意義上的性突破其內在局限，釋放出巨大的文化潛
力。我們接下來要問的是：這種論述膨脹符合誰的利
益？這種論述策略的實施所依據的是何種身體技巧？這
些問題引導我們取得第一個重要的意義發現：我們通過
擴大和釋放潮水般滾滾而來的性別化性論述
（sexualized discourse）強化了我們對性的控制。對
生命也存在同樣的情況。關於生命基因學、健康、生存
必需品、家庭條件、學習能力等科學論述膨脹的後果就
是將生命帶入國家權利和工業化所控制的軌道上。在歷
史上，國家權力建基在國王對其臣民身體的絕對控制—
—他掌握著對其臣民的生殺大權。在現代社會裡，國家
打著爲其國民提供醫療服務之名反而更進一步加強了對
他們身心的禁錮。生物權力延續體（the continuum of
bilpower）所經歷的兩個階段分別代表了兩種對立的目
標：

  （*1*）一種關於身體的解剖／政治學（*anatomo-*
       politics）：在此權力發揮一種規訓與懲罰
       的功能。它的運作依賴一系列的機構——大

學、中小學、監獄、軍隊、工廠等。

(2)一種關於人口的生物政治學 (*b i o - politics*)：在此權力是作為一種對身體的管理 (*administration*) 而發揮其功能——它介入繁衍、出生、死亡、生活水準、身體和精神健康。其運作依賴於調節性控制 (*regulatory controls*)。

「性」適合於成為這兩種權力策略的共同目標，因為這兩種策略運作的重疊之處便是性。一方面，「性」是規訓性權力的目標，而另一方面性通過精神分析和醫學化又成了一種管理性權力的論述策略。除此之外，我已經指出過，這兩種策略不需要處於完全的和諧之中——即使它們的衝突也暴露出它們的同伙性 (pact)。傅科寫道：

　　由此便產生了四大重要的進攻路線：沿著這幾條路線，性政治學 (*politics of sex*) 已經發展了兩個世紀。每條路線都將規訓性技巧 (*disciplinary techniques*) 和調節性方法 (*regulatory methods*) 結合使用。前兩種依賴於調節要求，人類的全部主題以及還過得去的集體福利，目的在於獲得規訓層面上的結果；兒童的性別化 (*sexualization of children*) 是

在一種爭取種族健康運動的形式下完成的（從
18 世紀到 *19* 世紀末期，性早熟都被認為是一種
具有傳染性的威脅，它所威脅的對象不僅是成
人後的身體健康，也是未來全社會和全種族的
健康）；女人的歇斯底里化（ *t   h   e
hysterization of women* ）──涉及到她們的身
體和性的全面醫學化──的完成是在以她們對其
子女健康、家庭結構的穩固以及維護社會安定
所負的責任的名義下進行的。一種顛倒過來的
關係可以適用於生育控制和性反常行為的精神
病化（ *psychiatri-zation of perversions* ）：
在此，介入在本質上是調節性的，但它仍然不
得不依靠對個人規訓和抑制（ *dressages* ）的要
求。普遍地說來，在「身體」和「人口」（或種
群）的結合處，性變成了一種權力（此種權力是
圍繞著對生而非死的控制而組織起來的靶
子）。⑳

我們必須牢記：所有的身體都是家庭化的身體
（ familied bodies ）。於是，醫學化和精神病化對於家
庭和治療型國家間的關係而言便具有重大意義。在此又
涉及到兩種策略。家庭被尊為培育身心健康的個人的中
心，但它同時又被攻擊為濫用權威、粗暴和專制。其結
果便是家庭成員的去家庭化（ defamilied ），即他們以

抵抗攻擊家庭為手段來追求自己的權利——離婚、墮胎
以及爭取兒童權益——以及家庭成員的家庭中心化
（ family centered ），即心理學化家庭（ psychologized
family ）必須認可家庭成員的外在生活。簡而言之，家
庭交出其傳統權威，換來的是它對治療型權威
（ therapeutic authorites ）的依賴——後者向自由化家
庭（ liberalized family ）保證會給予它最佳化的家政
管理。㉑這樣的家庭總是不斷地處於分裂或聚合的顛簸
狀態之中。其不隱定狀態即適合於治療力量的非指導性
（ nondi rective ）介入——但對於後者家庭必須言聽計
從。通過懷疑家庭是創傷根源這一說法，治療集團
（ therapeutic complex ）同時又重新創造出一種精神分
析學化家庭（ psychoanalyzed family ）——它被認為是
健康和幸福領域的擴展，其唯一的限制就是個人對治療
的依賴性。

　　在進行這些分析時，我所悲嘆的不僅僅是家庭地位
的轉變。其中還涉及到另一個重要領域的轉換，這就是
我們對社會控制和個人責任的基本觀念。在處理謀殺、
強姦、種族主義、酗酒、少年犯罪、自殺和墮落等問題
時，我們正在經歷一個由刑法模式到治療模式的重大改
變。㉒在治療模式中，犯罪和變態的責任根源從個人轉
移到他或她的生理、情感和社會經濟環境之上。懲罰讓
位給診斷和治療。「疾病」和「健康」成為處理城市或

個人所面臨的社會問題的論述策略。其結果就是把注意力從司法公正轉向通過絕育、震驚療法（shock therapy），前腦白質切除術以及藥物療法等關於治癒人的行政決定。爲了取得效果，治療策略最終還是依賴於行政管理型社會夢想的實現──以使它能識別和預測反社會行爲。在此我們不可能全面考察所有問題，我們將在結論部分作更多的論述。一個根本的問題就是美國成爲治療型國家的前景使得許多批評家爲了保衛傳統的政治身體，抵抗攻擊新型治療而乞靈於第九次憲法修正案（the Ninth Amendment）。尼古拉斯・凱特利（Nicholas Kittrie）寫道：

　　　　顯然不受身體和心理變化影響的個人生活權利是我們社會規劃中的基本觀念。「保持你自己的生活方式」正是權利法案總體模式中所包含的一個內容。第一次憲法修正案規定禁止國家干預宗教自由和干涉思想的自由傳統，這表明個人的思想、精神、道德、以及心理過程不應受國家操縱或強行控制。另外，第八次憲法修正案還表明，人的尊嚴是有界限的，超出這些界限國家就無法懲罰某些十惡不赦的罪犯以維護自身地位。因此，即使從最狹隘的角度看，第九次憲法修正案中仍然給維護人格和身體的完整性的權利留有餘地。㉓

　　現代社會的身體修復能力（prosthetic powers）
幾近完美。它將社會成員投入網絡空間之中，它將關於
思想、情感、信息化和官僚化系統加以電腦化，從而現
代社會便塑造出一架權力機器，它威脅著社區和民主的
生存。**我們正在通往否定的擬人論……**。在此有一個巨
大的悖論。從表面上來看，這些發展是打著個人的名義
而進行。的確，國家權力不可能以其他方式取得如此大
的增長──至少在我們自己的社會中是如此。這是爲什
麼？在我們尙未找出其具體主要的原因之前，人們指出
許多導致這一方向的因素。重要的是我們應盡自己最大
的努力來辨別這種社會變化並繼續探索其意義。這種轉
變發生在現代醫療實驗之中──而這些實驗的目的則是
試圖使那些除了相信其功利性之外沒有任何社會責任感
的人文明化。因此菲利普・里耶夫（Philip Rieff）認
爲：「文化似乎總是和社會系統相一致。在一個有許多
私利誘惑的社會裡，『自我實現』似乎是一種高貴而健
康的追求。最被人瞧不起的就是在競爭中自我落敗。治
療（the therapeutic）應該被視爲一種被掩蓋或變形
的自我服務。在這種文化裡，每人都自視甚高，別人都
是『垃圾』」。㉔

　　爲了實現這些目標，一些對宗敎、家庭和社區所應
盡的陳舊社會義務必須被抛棄。同時，建立一個缺乏義
務感的社會並使其合法化。就這樣，治療型國家開始支

撐起破碎家庭、社區和精神狀態——後者便是爲自私的
工業化（the industrialization of selfi-shness）
以及自我主義和物質主義的工業化所付出的代價。里耶
夫還說：「數量變成品質。『爲什麼』的回答就是『再
回答就是再多些』。有錢人信仰的就是他們自己。打著
民主的旗號，這種宗教預先規定的原則就是每個個體的
慈善救濟機構就是他自身。這是對慈善的再定義；基督
教的慈善觀已不復存在。從這種（再）定義出發，西方
文化正在轉化成一種象徵系統，其適應能力和吸收能力
無與倫比。沒有任何力量可以眞正地和它抗衡；它歡迎
來自各方的批評，因爲在某種意義上，它什麼也不
是。」㉕

　　當然，一個讚同並依賴於極端個人化的系統實際上
更爲肯定個人控制。於是我們看到，經濟和國家權力同
時延伸到個人的精神和身體之中——他們本來能夠自由
地思考，自由地感覺，自由地做他們所希望做的事。在
商業主義及其所衍生的生物醫學活動中我們已經看到其
合力運作的事實。如果稍有區別的話，那就是，心理學
人（psychologicalman）——需求和慾望的增殖要求他
通過科學、技術和經濟予以滿足——便不僅僅是社會的
鏡像效果（mirror-effect）——他將社會看成是他自
身的反射投影。里耶夫指出，在現代政治生活中，一種
前所未有的自戀效果成了決定性和自我授權的因素：

　　所有的政府都將是公正的──只要它們保證
其大量慰藉性選擇能真正滿足現代人的需要。
以這種方式行事，新文化就能將價值問題從社
會系統中驅逐，從而將它限定在娛樂哲學
（ *philosophical entert-ainment* ）的範圍內而
不是板起臉孔佈道，並且最終完成以政治為名
所努力爭取的事業。民主的問題再也不必像以
前那樣令人為難。只要權力能保障良好的社會
秩序並且建設一種富足的經濟，心理學人對一
些古老的問題，如合法性權威，參予政府管理
等就可能不那麼熱心追問。㉖

　　當生命被簡化為不顧集體和後代的私利追求時，政
治身體就不再健康。現代社會的反歷史意識是世俗化
（ secularization ）和屈從性（ conformity ）中的新成
員。關於個人主義、自由和平等理想的有意義的社會或
公共語境的喪失反映在大衛・黎斯曼（ David Riesman ）
的《寂寞的群眾》（ Lonely Crowd ）和保羅・戈德曼
（ Paul Goodman ）的《成長的荒誕》（ Growing Up Absurd ）
兩書的標題所蘊含的異化和迷茫的象徵主義之中。這兩
部著作對我來說均呈現一個悖論：即沒有個人自由的社
會反而可能自由。自由主義對個人和社會利益的認同，
或者說關於個人在社會中所遇到的挑戰和機會的自由主
義式構想現在已經淪為一種確信，那就是：社會是荒誕
的，個人是愚昧的。為尋求一種真正的公共領域（其中

個人的政治和社會的活動能有一個焦點和歷史的視
角），人們拋棄關於公共性的事務諸如「麵包和奶油」
之類的問題。隨著個人意識的關注越來越轉向消費，經
濟知識的關注也降格爲由社團程序（corporate
agenda）所決定的理論價格。其結果便是任何關於個人
行動的政治和經濟的整體意識形態意識均告喪失。然
而，這種情況並非代表著意識形態的終結。它正是由社
團資本主義（corporate capitalism）語境所培養出來
的新個人主義之意識形態的本質所在。爲了阻止那種將
所有個人主義都予以金錢化（monetize）的趨勢，並將
個人的時間觀從短視的消費者期待中轉移開來，我們有
必要建立一種關注家庭和公共事務、目光遠大、更具普
遍性的價值體系。但這一要求不符合消費者路線所欲求
的「及時行樂」模式。後者以一種脆弱的進步連續性取
代社會歷史的堅實累積。任何對社會平衡、結構性貧
困、浪費或者對政治、經濟、自然和文化之間相互作用
的關注都預設一個集體性和歷史性的框架（a collec-
tive and historical framework）。但是對於僅僅關
注個人、不惜任何社會代價對不平等作道德性認可的自
由主義意識形態而言，這種框架是完全陌生的。

　　當前對個人主義的失敗所進行的討論在很大程度上
反映出人們對於家庭功能的喪失所懷有的悲嘆之情。我
們之所以說人們在此寄托了懷舊感傷之情是因爲個人從

家庭中的解放並未導致愛欲（Eros）的解放。要為這一結果找原因就必須重新思考資產階級家庭的歷史功能。這些功能的喪失所導致的後果就是將資產階級家庭成員推向自由主義福利國家的專業化、治療型和行政管理型的懷抱之中。㉗同時，行政管理型和療治型國家在意識形態上適合於用來掩蓋社會控制的程序——這些程序回應並指導著成長於沒有權威的家庭中的個人生活。在資產階級社會裡，家庭喪失其堡壘功能（bulwark function）；結果，公共和私人領域被混合揉雜在一起，統稱為「社會」。這兩種現象所體現的是在政治民主的合法化過程中，那種代表公共意識的批判角色之結構性基礎已經喪失。里耶夫具有遠見地預見，這些潮流將是美國文化下一步的發展方向：「在家庭、國家、宗教和黨派曾經存在的地方，取而代之的將是醫院和劇院——它們是下一段文化中的標準機構（normative institutions）。心理人（psychological man）所受的教育訓練不是為了滿足宗教教派的需求（sectarian satisfaction），因此他們就不容易受到宗教控制。宗教人（religious man）生來是為了獲得救贖；心理人生來是為了獲得快感。其實早在苦行主義「我堅信」的呼聲被醫療主義「他感覺」的警告所淹沒之時，這種差別就已經存在了。如果醫學取得了最終的勝利，那麼顯然心理治療師（psyche-therapist）將成為人們俗世生

活中的精神嚮導」。㉘

　　我們還應該共同思考另一個問題：是否資產階級的
民主已將其道德資本消耗殆盡，以至於除了求助於基本
教義派（fundamentalist）和新保守主義（neo-
conservative）的因素之外，人們對均質化管理文化
（homogenized administrative culture）的暴力侵蝕
將難以抵擋。如果情況確實如此，那麼病態的自戀主義
文化（the culture of pathological narcissism）、
商品色情（commodity eroticism）以及親密關係政治
學（politics of intimacy）所代表的就是家庭權威
和本眞個人主義（authentic individualism）的被麻
醉狀態（narcosis）。但是幾千年以來，正是因爲家庭
頑強地存在著，人類社會才能頑強地存活下來。但這並
不是說家庭就是十全十美，我們在其間沒有遭受到任何
痛苦；其根本原因在於我們在家庭中學會了承受痛苦和
享受歡樂。這點領悟使我們終身受益。但是在工業社會
裡，我們被唆使以個人名義摧毀家庭——或將那些仍然
維繫著家庭的人驅入貧民區。今天，這種趨勢比以往任
何時候都更強烈。在其第一階段，工業化迅速地將家庭
轉化成棉花工廠；機械化使女人和兒童也能進入工作領
域，男人反而被擠得靠邊站。於是男人開始砸毀機器以
渲泄其憤怒。這種強烈的反應把工業主義者嚇壞了，於
是他們便不得不放棄將更低等的勞動力如囚犯、猴子和

機器人——引入工作領域的念頭。最後他們還不得不接
受能在家庭、學校和工廠之間達成妥協的安排。當然，
還有一些工業主義者曾嘗試以家庭化的工人生產（the
familied production of workers）取代家長制作風
（paternalism）。但這種嘗試只能一時奏效，因為它不
可能在經濟上和政治上付出太大代價，不管怎樣，即使
在策略上可以理解，它也是一個錯誤，因為沒有必要
「生產」工人；甚至也沒有必要以一種令他們想起奴隸
制度的方式來擁有工人。工業主義所需要做的就是去開
拓消費主義。

　　只要他或她能夠被徹底地去家庭化、去社群化
（decommunalized）並使其徹底失去社會地位、落魄潦
倒（declasse），消費者就會進行他或她自己的生產。
任何削弱家庭的因素——不僅僅是失業問題而是所有激
發個人自我生產（self-production）之物——都能強化
消費主義。反過來，消費主義中的失敗者——那些佔有
不足的人——卻強化了治療型國家及其情感轉移系統
（systems of emotional transfers）。今天，家庭必
須對子女的服務支付報酬；他們要求得到報酬的權利和
接受父母提供給他良好服務的權利受到法律保護。這種
關係並不令人吃驚，因為今天解核心化（enucleated）
家庭賴以立足的契約本身也充滿了緊張。在這樣的家庭
裡，如果還存在任何中心協約（covenant）的話，就是

所有家庭成員注意力的共同焦點——電視——其中商業
操縱一切。電視呈現給我們的是一場互相攻擊的混戰景
象：父母和子女的對立；丈夫和妻子的對立——尤其是
個人和大眾共同嚮往的商品的對立。不僅如此，當家庭
在檢視自己爲向消費主義轉化進行重新調整的能力時，
它受到來自爭取婦女權利和批判各領域的家長制——當
然不包括它自身——的支持。斯圖亞特·艾文注意到：

　　隨著資本主義的興起，傳統家庭生活陷入了
混亂；它同樣也加入了女性主義的論戰之中，
聲稱父權制社會具有壓抑性因而已經過時
了……然而女性主義所嚮往的是一個婦女們有
權支配自己生活的世界，而評擊父權制的總體
運動卻將所有自我指導（*self-direction*）形式
不加選擇地、一股腦兒地統統予以貶斥。通過
讚美現代婦女爲「家庭主管」、謳歌兒童爲新時
代良心這一系列的做法，社團空想家們
（*ideologues*）堅信他們都因此而心甘情願地服
從消費市場的指導。工業化提高了婦女兒童的
地位，從而將傳統的父權制描述成一種洪荒時
代之前的、有時甚至是滑稽可笑的形象。在此
大眾文化參與了對自立性和平等性等基本權利
的抗爭運動。然而，在其對現代家庭所作的描
述中，大眾消費世界再一次徘徊在變動的邊
緣；隨著舊時代的父親被拋入「歷史的垃圾

堆」，法人父親（*corporate patriarch*）被加
冕為現代社會公正而仁慈的君王。㉙

　　從支配著消費家庭的緊張性契約（agonistic
contract）這一角度看來，追究家庭是否深受電視暴力
節目之害在很多方面都是一個假問題。但我們有一點是
明確的，那就是消費家庭在家裡比在街上看到更多暴
力。但重要的是這些暴力在何種程度上被解釋為一種家
庭事務（family affair），從而能使它支撐起那作為
我們社會法律基礎的緊張契約。當家庭壓力在置處於自
身的暴力行為及其結果——似乎這些暴力僅僅是在他們
對被動消費主義（passive consummerism）的正常追求
中所出現的偏差——的時候，它就不得不求助於法律和
醫學機器中的剩餘權威人士（residual authority
figures）。因此，治療型國家力圖使它所予以服務並
保護的（然而實際上卻是亂糟糟的）家庭呈現出一派健
康祥和的景象。沒有人注意這一循環現象：家庭的權威
在那種表面上聲稱要恢復其權威的發展過程中反而被降
低了。

　　在我看來，政治和經濟生活的主體化（subject-
ivization）正是那種日復一日擾亂著我們社會的暴力
之最深層的根源（這些暴力事件既有政治謀殺，又包
括了對約翰‧藍儂這種善良人士無緣無故的殺害。）。

在這些令人震驚的事件中，一種過往從不被注意的個人
闖入了國家──甚至世界的集體意識之中。大衆傳播以
沈痛的口吻描述在某些社會中家庭的沉淪，而家庭的暴
力卻被傳媒降到最低點。更具有諷刺意義的是，這些愚
蠢行爲總是由「病態」的個人所做，他們對其家庭並不
像對社會那樣總是懷有某種政治意識和疏離感。於是社
會秩序中的集體罪過被外化爲一種替罪羔羊，對它的處
置的觀念被認爲是爲了維護作爲社會現實基礎的每一個
人的利益。然而，毀滅者和被毀滅者在巨大的管理和治
療機器面前均被撞得粉碎──後者才是導致家庭和政治
社會之間那片荒原出現的元兇。

　　我並不認爲社會應掏空家庭內容，把它降價出售給
社會上的各種機構或者乾脆把它交給消費主義，從而給
個人以無度的自由和神聖不可侵犯的地位。今天的家庭
生活可以用「骯髒、粗俗、淺薄」等形容詞來描述──
霍布斯（Hobbes）曾經論述的自然狀態正是現代政治經
濟的本質。我們能夠與之相伴、共同生活嗎？我的回答
是否定。因爲我們所知道的就是人是家庭人（family
beings）。他們之所以是家庭人是因爲他們是體現著的
人；他們被人生育、被人撫養。沒有什麼比這更重要更
基本的了：

　　　在全球各地的（人的）生活區域內，在城鎮

裡，在鋼筋水泥的大都市裡，人們蟄居在他們
狹小的屋殼（*shells of rooms*）內；在一望無
際、萬家燈火閃爍的窗戶裡，人們演繹著一齣
又一齣高尚或卑鄙的戲劇表演；他們坐在椅子
上、讀書看報、擺放飯菜、縫衣補褲、玩牌、
聊天、沉默、無聲地笑、調製飲料、聽收音
機、吃飯、衣著隨便、衣冠楚楚、求愛、調
笑、溫存、誘惑、寬衣解帶、人去樓空、室內
獨處、振筆疾書、夫妻相對、賓客對坐、舉辦
家庭舞會或（男）同性戀晚會、整理床舖、關燈
就寢；只有在屋內才有溫暖關懷，不在屋內就
不能承受愛心呵護；毫不奇怪他們為何如此怯
懦地互相依偎相擁，同樣毫不奇怪的是在絕望
的冷酷和痛苦中，某位母親以其利爪抓住其苦
苦掙扎的兒子、並將其吸血尖啄刺入兒子的靈
魂中，最後將他的身體吸空，使其輕如蟬殼；
令人驚訝的是這個時代：它生育了自己的兒
女，但卻又將他們拋棄，這樣一個時代居然還
繼續存在；但這是事實。（《現在讓我們讚美偉
人》〔*Let Us Now Praise Famous Men*〕）。㉚

今天，我們的歷史正處在黑夜裡最黑暗的時分。自
然和人類之間的聯繫從未受到過如此嚴重的威脅。在我
看來，原子分裂所釋放的巨大破壞力已經加深了我們和
初民之間的鴻溝：他們在神話和自然中維繫著自身的統

一，從而將他們自己帶入了與自然和諧的約定中。先輩們以這種和諧戰勝了歷史上重重艱難險阻，並將它作爲遺產贈予我們。但現在，值此人類歷史上最瘋狂的時刻，這筆遺產正面臨著被徹底毀滅的嚴重威脅。

結論

人類身體的
未來形態

　　1982 年《時代周刊》所評選的年度世界風雲人物
是一架機器。1983 年 1 月 3 日所出版的《時代周刊》封
面是一台電腦，它歡呼機器對美國的入侵。該期刊載了
一個電影故事《外星人》（E.T.），它描述機器對美國
家庭及美國中心地區的第二次入侵。當然，外星人既不
是機器，也不是男人或女人。但是和許多男男女女一
樣，外星人似乎是由於某種原因而逃離家園、離鄉背景
之人。只有兒童——以及與他有共同遭遇的大人們——
才能理解他，因為前兩類人在一個純真和友情被視為異

端的星球上根本不知道自己的歸屬何在：

在孩子們的遊戲中，舞者和

琴弦可曾忍受了萬苦千辛？

他們也曾面對書本傷心哭泣，

但是時間終將其幻想併入了軌道。

天空下他們從此孤苦伶仃，無所歸依。

此生的安樂何在無人可知。

高樓林立的廣告牌下無手之人

手最乾淨，如同無心的幽靈

唯一不受殘害，盲人看得最真。

　　　　　　　　　——狄倫・托馬斯①

電腦和外星人代表了對人類身體未來形態的兩種反思方式——即兩種治外法權（extraterritoriality）模式；它們向現代世界的人類想像發動挑戰。如果今天的人道主義者還想要在未來人類的賦形過程中擁有某種發言權的話，他們就必須準備應付所有的問題。這即是說，他們必須關注的不僅是關於未來生和死的構想，還必須因此而關注未來家庭的構想。這就意味著——正如我曾努力想闡明的——人道主義者不能忽視當代國家和

社會政策對生命、性以及家庭的設計所造成的重大影響。簡言之，我們必須將人類家庭重新設想為原初的人類形態。思考這些問題的時候，我們其實就已經回到維柯所描述過的荒涼世界——初民們曾經生於斯長於斯：他們傾聽著雷電的轟鳴，並由此而創作出世界最早的詩篇，從此他們無所歸依的世界便被賦予了家庭化社會（familied society）的人類形態：

> 最初異教人類的創建一定具有上述那些本性。當時天空終於令人驚懼地翻轉著巨雷，閃耀著疾電，這只能是由於一種暴烈的壓力第一次在空氣中爆發的結果。於是就有少數巨人（一定是最健壯的，散居在高山森林裡兇猛野獸築巢穴的地方）對這種他們還不知道原因的巨大事變就感到恐懼和惱惶，舉目仰視，才發覺上面的天空，由於在這種情況下，人心的本性使人把自己的本性移加到那種效果上去，而且因為在這種情況下，巨人們按本性是些體力粗壯的人，通常用咆嘯或呻吟來表達自己的暴烈情慾，於是他們就把天空想像為一種像自己一樣有生氣的巨大軀體。把爆發雷電的天空叫約夫（*Jove*，天帝），即所謂頭等部落的第一個天神，這位天帝有意要用雷轟電閃來向他們說些什麼話。這樣他們就開始運用本性中的好奇心。好奇心是無知之女，知識之母，是開人心

窺。產生驚奇感的。②（朱光潛譯文——譯注）

　　維柯的《新科學》告訴我們：最原初的擬人論是我
們人性中最具創造力的春天。理性主義的怪論認爲人類
只有將其起源長期地壓抑在詩歌中之後，人的精神才會
取得支配地位。筆墨難以描述先祖們的獨創性——我們
整個理性傳統便奠基在那些巨人們（grossi bestioni）
的詩歌之上。其思想之玄妙自不待言：事實上所有後來
的思想家所遵循的仍是初民們的思想線索——他們（初
民）朝氣蓬勃的身體決定世界的一切。我們的隱喻、關
係、思想和概念便由此產生。這是人類共識的歷史基
礎，對於人類在更高層次上的統一有著十分重要的意
義。所以，爲了未來，激進的人道主義就不應該忘卻自
己的起源。我們正站在巨人的肩膀上，是他們以自己的
身體給閃電雷鳴的蒼穹賦予巨大的軀體形態；他們使約
夫（Jove）成了天帝——他是衆生的主宰、萬物的本
源。由於約夫的統攝能力，巨人們聚集起來，從而形成
了第一個人類社會——它由粗陋的法律和宗教維繫著；
理性主義哲學的謬論此時尙無地位。因此，我們的人性
起源於初民們的巨大身體觀；巨人先民們以其恣意的想
像（如可怖的宗敎、駭人的父權威力和聖潔的沐浴等）
將自己從蒙昧狀態中提昇爲一種神聖的生靈。我們的教
育（它主宰著我們的心靈、身體和家庭）基礎也來源於

這些體力充沛的祖先們：

　　英雄們憑各種人類感官去認識全部經濟學說
中的兩點事實真相，這兩點由兩個拉丁動詞
educere（教育）和 *educare*（訓練）來保持住……
前一個動詞用於精神教育，後一個動詞用於身
體訓練。頭一個動詞由自然哲學家們通過一種
學術性的比喻，轉用於從物質（內容）中抽繹出
一些形式。因為英雄時代的教育開始以某種方
式，使原先完全淹沒在巨人們的龐大身軀裡的
人類靈魂形式呈現出來，同時也使人體本身具
有恰當身材的形式，從原先不平衡、不勻稱的
巨人身軀中呈形出來。③（朱光潛譯文——譯注）

　　所有後來的人類社會組織均源於這一關於社會構形
的、原初的、素樸的形而上學；我們的巨人祖先們憑藉
它首次勾勒出了人之為人的形態。並以此來教化他們的
身體，使之適應於人類社會最基本的組織形式——如宗
教、婚姻和殯葬儀式等。《新科學》的偉大之處就在於
它以一種平靜求實的態度探測了科學和詩歌，亦即人的
心靈（mind）和感覺（senses）之間的距離。就此而言，
維柯筆下的巨人既不是感傷想像的虛幻之物，也非客觀
科學史的臆造神遊。他們是某種歷史中的自然力量，我
們只有把它當作我們自己擬人論發展史並努力地閱讀和
傾聽，才能完全理解它的存在意義：

　　　一切研究古代異教民族智慧的哲學家們和語
言學家們都本應從這些原始人，這些愚笨的，
無情的，兇狠的野獸開始，也就是從我們在上
文所說的那種名符其實的巨人們開始……而且
他們也本應該從玄學開漿，玄學不是從外在世
界而是從思索者本人的內心中各種變化去尋找
它的證據。因為這個民族世界既然確實是由人
類造成的，它的各種原則就只能從人心內部變
化方面去尋找。人類本性，就其和動物本性相
似來說具有這樣一種特性：各種感官是他認識事
物的唯一渠道。④（朱光潛譯文──譯注）

　　　正如初民們以其身體來構想世界一樣，今天我們也
必須以我們自己的身體來重新構想我們的社會和歷史。
我們必須這樣做，因為我們必須恢復那早已喪失的人性
形態　（我們反而在機器人、木乃伊及外星人身上看到
了這些形態。），可是另一方面，我們卻在盲目地沾沾
自喜於初民和我們之間所存在的文明化距離。我們必須
像維柯的巨人一樣，學會怎樣「和家人交流」（Phone
home）。基此，下面我想提出的是一種歷史拼貼畫式的
建構形式，它甚至比外星人的設計還要粗陋。我想做的
就是體驗初民們體現化的歷史和當今世界去體現化的歷
史。我想體驗的還有人性之光第一次閃現以及它在當代
社會裡的點點消退（我將從《時代周刊》──社會科學

家眼中的荷馬──中選取幾個段落來說明這些問題）。
維柯所呈現給我們的擬人論歷史──我將其稱爲生物文
本的歷史（history as biotext）──內含著給歷史和
社會賦予一種活生生的人體形態的衝動和創造力。下面
我要加以討論的是一種我稱爲「社會文本」的歷史
（history as sociotext）。在此我指的是人類各種科
學的總匯，它的目的就是改寫人類身體，重塑人類心靈
和情感。本書通篇所關注的就是這兩種歷史。我並不認
爲從生物文本向社會文本的轉化受到了某種反人道主義
詭計的操縱。作爲徹底的人道主義者，我們的任務就是
將治外法權設計（extraterritorial designs）作爲擬
人論的下一階段並加以發展。這並不是宣揚宿命論。對
有利人類發展的趨勢我們要加以分析、評價和推動，而
對於威脅我們生存的因素我們要堅決予以抵制。

　　正如我們在前幾章的分析所看到的那樣，我們的處
境要求我們將所有的技術都看成生物技術──即是說，
要認清這一點：**每一種統治自然的力量也統治著我們自
身**。這種力量不僅存在於機器中，也廣泛的在人文科學
論述生產之中擴散──這些論述控制著我們的生活、思
想、健康、衛生狀況和知識。一旦現代治療型國家發現
求知意志（will to knowledge）能夠被利用來重新設
計生命的誕生與死亡並指導其作社會文本的進程時，這
種力量就獲得了更大更廣的統攝力。⑤當然，社會總是

塑造著生命（這一點貫穿著本書的論述）。但現在我們似乎正處於生命起源和消亡的交匯處，它使得我們比以往任何時候都更懷疑自身。為了追蹤生物文本到社會文本的轉化軌道，我們需要注意現代社會裡生和死的意義所在——生與死曾經構成了一幕幕殘暴的戲劇表演，現在卻成為醫學大顯身手的場所：這一點從電視和印刷媒體可見端倪。我曾指出，現代治療型國家的目的在於把生物文本改寫成社會文本，把所有人聚集起來形成一個新的利維坦（leviathan）。因此現代國家考慮的是如何給生死立法、避孕和墮胎、結婚、分居和離異、判定人的瘋狂與否、監禁以及長生不死等等。治療型國家現在正通過利用我們對健康、教育和工作——更不用說快樂（至少作為一個美國人的夢想而言）——的嚮往而誘使我們一步步墮落下去。

這些觀念的複雜性便在於前面我們所說過的那一點，即我們的技術都是生物技術。反過來，它們都是促使原始的生物本文向社會本文轉化的策略——正是在社會文本中，人類的形態正一點一滴的被拋棄。當然，這一轉向能夠朝著人道主義的目標進行：弘揚個人主義、尊重婦女兒童的權利以及家庭的消亡等。此觀之，我們應避免基因和社會損傷（genetic and social damage），我們甚至還可以希望增進我們的生物遺產（biological legacy）。我們追求這些目標的動機顯然

十分人道主義。然而我們那來自於實驗室裡動物身上的
實驗技術以及我們的基因物質卻遠非人道主義式。的
確，關於這些問題人們已給予大量的關注，與此相關的
立法活動也正在如火如荼地進行著，在這裡我不能進行
全面性描述。⑥然而，就此而言，科學的生命（the
life of science），而非僅僅是生命科學（life
sciences）肯定是我們所關注的最高理想。我認為這一
觀點將越來越佔上風，因為現在我們把生命本身等同為
交流的基本結構（DNA碼）──其他所有論述符碼都可
以被輸入其中，然後把生命的表達放大（amplify）出
來。傑拉德‧利奇寫道：

> 　　要了解其中關涉的內容是什麼，我們就必須
> 回頭來觀察充滿熱切希望的基因科學家們所使
> 用的原始材料是什麼。基因科學家的最終目標
> 都是編輯生命的主要傳輸帶（*the master tapes*
> *of life*）──即那攜帶著遺傳訊息（*hereditary*
> *message*）的、存在於每一個細胞中的、輕飄如
> 紗線的 *DNA* 分子──他必須把它們編輯得十分精
> 確和具有可控制性，以便任何一個地方的任何
> 一點基因損傷都能被發展並用一個正常的基因
> 予以替換……他的工作十分複雜和棘手。這就
> 如同更改一部《聖經》中的某一個字母（這部《聖
> 經》根本就無法打開，因為它小如針頭）。有人

　　或許還會補充說，更困難的是對於這麼一部
「遺傳」《聖經》，沒有任何人曾經讀完一至二個
段落。⑦

　　　　對當代生物技術，我們必須從兩種肢體修復術的
策略出發來觀察分析，其中一種現在已廣泛存在，而另
一種也正越來越變得現實。我指的是（1）配件修復術
和（2）基因修復術。這兩種策略把我們從配件人
（spare-part man）轉化成義肢人（prosthetic man）。
⑧它們看似都屬於生物醫學層面，但這兩個工程之間的
距離卻如同早期和晚期資本主義兩個階段之間的距離那
樣遙遠。這就是說，身體配件修復術的經濟結構就是把
我們捲入醫療技術、商業金融業和分配程序的一體化之
中。這種系統可能由企業家或政府控制，而兩種方式都
可能會吸引自願捐助者。上文我們已經提及，在梯特矛
斯對血液循環的研究中他告訴我們說，當配件供應依賴
商業而非自願捐獻時，一系列關於品質和連續性供應的
問題就出現了。從一個長遠的觀點來看，當人們有可能
預測基因錯誤（genetic faults）並在DNA層面上予以
更正時，配件經濟（spare-part economy）的問題就終
將陷入困境。即使這樣一個基因工程有可能成功——其
潛力不能被誇大——屆時我們可會將關於效益原則的基
本的市場理性注入DNA的選擇。於是我們就得思考如何

給胎兒作最佳的父母（基因）選擇。從父母的觀點來看，所謂最佳胎兒選擇便是他們自己的複製（克隆）或複製他們崇拜的社會偶像。如果這些可能性都變成現實，那麼生物技術最終會將那喀索斯（Narcissus）的鏡像自戀神話變成現實。我認為，這將會導致身體和未來個人想像的去家庭化（defamilize），從而使得個人成為以市場或國家為母體的社會精神產物。在這種情形下，生命的結構（不僅僅是其生物構成）將發生根本變化。我們的宗教和政治組織——《聖經》和議會將不再是我們的基本組織形式。在實驗室和診所裡，生命不再擁有歷史。出生（birth），如同母親節一樣，將成為一種消費行為。屆時我們體現化和家庭化的歷史將飄浮在一種由企業或政治生物官僚制度（entrepreneurial or statist biocracy）操縱的商業麻醉狀態之中（commercial narcosis）。

下面我的論述將轉向生命的另一端。我們往往對眼下的暴行（atrocities）視而不見，反而堅持認為在西方世界裡，人們已經取得了重大的進步，即死亡正變得越來越「人道」。絞刑架、斷頭台、毒氣室、電椅等都曾是人類歷史上執行人道死刑的工具。1982年12月，當人們給德克薩斯州監獄裡的查爾斯·布魯克斯（Charles Brooks）注射一劑致命的塞吩鈉（sodium thiopental）、溴化雙哌雄雙酯（pancuronium bromide）和氯化鉀的混合物時，另一種死刑出現了。但《時代周刊》認為，布魯克斯的藥物死刑並無「任何新東西可言」，因為蘇格拉底才是第一位服毒芹而死的死刑犯。啓蒙科學長期以來一直在幫助人們尋找一種更有效、更合理的死刑方式。藥物處死是人道死刑的最後發展階段。它使我們相信，人類集體生活中所要求的禁律懲罰能夠由個人的愛和主體化的關懷（subjectivized care）行為來執行。直至今日，藥物死刑仍未普及開來。但只要死刑被恢復，這種方法就有可能被採用；之所以如此是因為藥物是對付異端、瘋人、住院病人和囚犯普遍採用的一種手段。在這些領域內外，藥物治療都是一種十分普遍的現象。自我控制的藥物——即所謂非醫療性用法——便是這一廣泛現象的一部分；被視為社會動亂因素的個人往往被強迫用藥或自己主動用藥。事實上，對公民的鎮定療法正是現代治療型國家一個最顯著的特色。它是我們醫藥化人道主義（medicalized humanity）的一大特色。⑨從生到死、從學校、工廠、監獄到遊戲，我們都可能會採用藥物用以在一個夢想不能成眞的世界裡為自己保存一點世俗歡樂的夢想。

　　對精神病進行藥物鎮定療法是現代生活中的一大諷刺。它表明人們即想控制自己又想逃避控制的矛盾心態；這是一種危機中的平靜。藥物使得精神成為肉體的

監獄；它把古代道德完全顛倒過來。介入機制
（intervening mechanism）是現代社會的一大發明；這
個社會聲稱要控制自然，但其衆多社會成員卻孱弱無
力，甚至遠離他們自己的自然本性。於是，重大的自然
事件如出生、生育、結婚和死亡均從我們的人性中被驅
趕出去；這是打著工業化社會的旗號進行的，它在醫學
化（medicalized）或藥物化（pharmacological）的
事件中體驗著聖餐時刻（liturgical moments）——這
些事件純粹是一種專業化的管理型的關懷行爲。

　　在報導布魯克斯被處以藥物死刑的同期《時代周
刊》上（1982年12月20日），還有一則關於巴爾尼‧
克拉克（Barney Clark）移植人工心臟（編號Jarvil-
7型）的報導。在此事件中醫學創造了延續生命的英雄
般成就——人工心臟取代了他原來功能壞死的器官，這
居然使他存活了112天。在這些成功中，社會和意識形
態方面的投資是巨大的，它過分渲染了命運的戲劇性。
緊接著克拉克的故事（第52-55頁）是一則關於基因「手
術」的報導：此種「手術」利用DNA重組技術用「好」
基因替換「壞」基因，從而希望達到提高生命品質的目
的。「商務大觀」欄目（Show Business）刊載了一個
「女招待」（Tootsie）的電影故事——這是1982年度最
著名的童話電影。在該電影中，倒楣的男演員麥克‧多
拉塞（Michael Dorothy）最後終於取得成功。他走上

來（走向後台？）總結到道：「當我作爲一個女人和女
人在一起時我才是一個好男人，而當我曾經作爲一個男
人和女人在一起的時並非如此（I was a better man
as a woman with a woman than I have been as a man
with a women）。」顯然在此存在著一些重大問題，
它們超越了對生命的生物學考察層面，影響到我們對家
庭的生產意志（will-to-produce family）之核心層面
——家庭、是男人女人共同構築起的社會組識。在「行
爲欄目」（Bahavior Section）裡我們讀到一則題爲《美
國正變成空殼》（The Hollowing of America）的報導，
其作者對自戀主義給家庭、學校和工作場所帶來的負面
影響發出深深的悲嘆。看來我們對所有問題都應予以重
視；在某種程度上是它們迫使我們對它們予以重視：我
們可以按兩條可供選擇的原則來考察它們。其一是我們
的基本價值觀——這會使我們對它們寄予悲鳴；其二是
依照我們對人類未來形態更深層次的把握——但人類的
前景看來情況甚憂。令人遺憾的是，《時代周刊》沒有
足夠的時間來爲我們構建一個關於歷史和結構分析的詮
釋框架。這份工作將留待我們的讀者去完成。

　　然而，《時代周刊》以時代的最新報導摧毀了我們
的記憶——正如它向我們灌輸美國人的世界觀從而使我
們被解家庭化一樣。在《時代同刊》裡，我們體驗到了
具體時間（embodied time）和普通意義上的家庭以及

訊息節奏之間的差異性（後者越使我們難以跟上就越使我們著迷）。如果在當今社會裡，社會學家們有一個荷馬或維吉爾的話，他肯定存在於每天的新聞和電視節目之中。爲了跟上潮流，我從《時代周刊》中選了一個例子，它向我們展示人類對人的形構（the human shaping human beings）是如何構成我們日常生活中一大特色：它不是關於道德和醫學的遙遠烏托邦，或許也不比維柯《新科學》中描述我們的巨人先祖們的活動更爲怪誕。作爲結論，我要把《時代周刊》上面的一篇文章——〈不要走進溫柔的夜色〉（Do Not Go Gentle Into That Good Night）作爲一篇哲學論文來閱讀。其中有一頁十分精彩：作者羅傑‧勞森布拉特（Ｒｏｇｅｒ Rosenblatt）分析了醫學發明在布魯克斯和兒拉克倆人身上的應用所呈現出的反諷意味——一個被處死，另一個卻得以活命。他對每一事件後面的文明化意圖（civilizing intention）究竟爲何感到迷惑不解。從而也難以在兩者（希望和絕望）之間找到平衡。使他百思不得其解的是何以劊子手的行動不被公諸於眾。在布魯克斯被處死時雖然有人監視，但藥物死刑在身體上卻顯現不出來。在此社會文本擦去了生物文本所有的印跡，從而將布魯克斯的死置放在人性範疇之外。勞森布拉特似乎在呼籲一種公開的死，一種生與死的戲劇演出的恢復，只有在這齣戲劇中我們才能恢復固有的善惡意

識。和十字架或大衛王之星（the Star of David）不
同的是，《時代周刊》上面關於布魯克斯之死的照片和
文字說明留給我們的並不是一尊可接受的人類受難偶
像。藥物的安眠擦去了死亡的顯靈（epiphany）和我們
對生命的記憶。在此，我們只有和一位詩人一同哭泣：

> 不要走進溫柔的夜色
> 日落之前垂暮之人將要要怒號咆哮
> 憤怒，對點點消退之光的憤怒。
>
> 智者在臨死時知道黑暗才是歸宿，
> 因為言辭引不來叉形閃電，他們
> 便不願走進溫柔的夜色
>
> 善良的人們，最後的浪濤湧來，叫聲
> 　　　　　　好嘹亮
> 他們怯懦的舉止或曾舞倒在綠色
> 　　　　　　的港灣，
> 不要走進溫柔的夜色。
>
> 野人們迎著飛馳的太陽，放聲高歌，
> 然後知道，雖然太遲，他們追索著他
> 　　　　　　的足跡，悲慟無盡，
> 不要走進溫柔的夜色。
> 　　　　　　　　　　——狄倫·托馬斯

　　今天，永恆的黑夜正威脅著我們，那黑暗來自我們
不以爲念的熊熊烈日。毫無疑問，我們正處於一個乾涸
的季節，不知根爲何物，樹脂爲何物，花朶爲何物；對
我們的孩子、神祇，我們無言以對。

註釋

序言　裝了義肢的上帝

1.　西格蒙特・弗洛伊德，《文明及其不滿》。
Sigmund Freud， *Civilization and Its Discontents*， tr. And
ed. James Strachey (New York：Norton， 1962)， Pp38-
39。在此，我十分愉快地回憶起和同事，肯尼斯・莫里
森(Kenneth Morrison)長達好幾年的交流砥礪，這使得我
的許多思想得以成形；此外我還要感謝他在過去的幾年
裡允許我使用他自己有關弗格伊德的私人藏書。當然，
我還會永遠記住湯姆・威爾森(Tom Wilson)所給予我的
幫忙。

導論　我們的兩種身體

1.　參見拙著《知覺、表達和歷史》。
　　——Perception，*Expression and History* (Evanston：Northwestern University Press，1970)，ch4，"Corporeality and Intersubjectivty."《肉體存在和交互主體性》)。

2.　莫里斯‧梅洛-龐蒂，《知覺現象學》，146頁（中譯本由北京商務出版）
　　——Maurice Merleau-Ponty，*Phenomenology of Perception*，tr. Colin Smith (London：Routledge & Kegan Paul，1962)，P.146。

3.　參見馬加里‧格林，《哲學生物學引論》。
　　——Marjorie Grene，*Approaches to Philosophical Biology* (New York：Basic，1965)。

4.　我要借此機會感謝約克大學的幾屆學生們，他們如坐禁閉般地忍受著聽我主講的社會學課程；當然，其中我尤其要感謝我的助教芭芭拉‧彼德拉契(Barbara Petrocci)。

5.　參見馬塞爾‧莫斯，〈身體的技巧〉，載於《經濟和社會》1973年第2期，79-88頁。
　　——Marcel Mauss，"*Techniques of the Body*" Economy and society，2(1973)，70-88.

6.　米歇爾‧傅科，《性史》，卷一：〈序言〉，103頁（桂冠有中譯本）。
　　——Michel Foucault，*The History of Sexuality*，Vol. 1：An Introduction，tr. Robert Hurley (New York：Vintage，1980)，P.103.

7.　參見伊萬‧伊里區，《性別》。
Ivan Illich，Gender (New York：Pantheon，1982)。

8. 參見拙文〈早期和晚期資本主義中法律的去家庭化和女性化〉，載於於《國際法律和精神病學學刊》，1982年第5期， 255-269頁。
    ——See my ”*Defamilization and the Feminization of Law in Early and Late Capitalism* ”International Journal of Law and Psychiatry， 5(1982)：255-269.

9. 格特魯德・斯坦因，《美國人的形成》， 128頁。
    ——Gertrude Stein， *The Making of Americans* (New York： Harcourt Brace， 1934)， P.128。

10. 約翰・歐尼爾，《作為毛皮貿易的社會學》， 10頁。
    —— John O＇Neill， *Sociology as a Skin Trade*： Essays towards a Reflexive Sociology (New York： Harper & Row， 1972)， P.10.

11. 參見拙文〈論西美爾「社會學的先驗性」〉，載於喬治・沙薩斯編的《現象學社會學：問題和實踐》， 91-106頁。
    ——See my “ On Simmel ＇s ‘ Sociological Apriorities ＇，” *Phenomenological Sociology*： *Issues and Applications*， ed. George Psathas (New York： Wiley， 1973)， PP.91-106。

12. 參見拙文〈權威、知識和政治身體〉，載於於《作為皮毛貿易的社會學》， 68-80頁。
    —— See my “*Authority*， *Knowledge and the Body Politic*，” in Sociology as a Skin Trade， PP.68-80。

13. 梅洛-龐蒂，《知覺現象學》， 167頁。
    ——Merleau-Ponty， *Phenomenology of Perception*， P.167。

14. 查爾斯・霍頓・庫利，《人類天性和社會秩序》， 183-185頁（由桂冠出版社出版）。

　　　——Charles Horton Cooley，*Human Nature and the Social Order.* (New York： Schocken， 1964)， PP. 183-185。

15.　參見拙文〈體現和兒童發展〉，載於漢斯‧德里澤爾所編的《新社會學第5號：兒童期和社會化》，65-81頁：亦收編在克里斯‧簡克斯主編《兒童社會學》，76-86頁。

　　　—— See my "*Embodiment and Child Development： A Phenomenological Approach*，" PP.65-81， in Hans Peter Dreitzel， ed.， Recent Sociology NO。5： Childhood and Socialization (New York： Macmillan， 1973)；reprinted in The Sociology of Childhood： Essential Readings， ed. Chris Jenks (London： Batsford， 1982)， P. 76-86.

16.　皮埃爾‧布爾迪厄〈身體的社會知覺芻議〉，載於《社會科學中的研究方法》，1977年4月14日，51-54頁。

　　　—— Pierre Bourdieu， "*Remarques provisoires sur la perception sociale du corps*，" Actes de la Recherche en Sciences Sociales， April 14， 1977， PP.51-54.

17.　參見拙文〈城市空間的視覺觀察〉，載於於邁克‧科南編《「城市風景創造中的美學應用研討會」論文匯編》，235-247頁。

　　　—— See my "*Lecture visuelle de l ' espace urbain*，" Colloque d 'esthetique appliquee ala creation du paysage urbain ： Collection presente par Michel Conan (Paris ： Copedith，1975)， PP.235-247.

第一章　　世界身體

1.　關於對象社會學原理的批判和對本擬人論的辯護請參閱
　　拙著，《共同理解：野性社會學引論》。
　　—— *Making Sense Together ： An Introduction to Wild
　　Sociology* (New York ： Harper & Row ， 1974)。

2.　參見萊昂納德‧巴爾肯，《自然的藝術作品：作為世界
　　形象的人類身體》；以及喬治‧皮里戈‧康戈爾，《宏
　　觀宇宙和微觀宇宙理論》。
　　—— See Leonard Barkan ， *Nature＇s Work of Art ： The
　　Human Body as Image of the World* (New Haven ： Yale
　　University Press ， 1975)；and George Perrigo Conger ，
　　Theories of Macrocosms and Microcosms (New York ：
　　Columbia University Press ， 1922).

3.　《揚姆巴蒂斯塔‧維柯的<新科學>》，譯自托馬托‧戈
　　德爾‧貝根和馬克斯‧哈羅德‧費席所編的第三版，
　　236-277 段；亦參見拙文《時間的身體：維柯論語言和
　　習俗的愛》，載於喬埃吉爾‧塔格里阿科佐和唐納德‧
　　菲利普，約‧維爾論編《揚姆巴蒂塔‧維柯的人性科
　　學》，333-339頁。
　　—— The New Science of Giambattista Vico ，　tr. From the
　　Third Edition by Thomas Goddard Bergin and Max Harold
　　Fisch (Ithaca ： Cornell University Press，1970)，Paras.236-
　　237. See also my "*Time＇s Body ： Vico on the Love Language
　　and Institution ，*" in Giambattista Vico＇s Science of
　　Humanity ，　ed. Giorgio Tagliacozzo and Donald Phillip
　　Verene (Baltimore ： Johns Hopkins University Press ，
　　1976)，PP.333-339.

4.　愛彌爾‧涂爾幹和馬塞爾‧莫斯，《原始分類》上海人

民出版社有中譯本），羅德尼‧尼德漢姆翻譯並作序，
82-83頁。

—— Emile Durkheim and Marcel Mauss， *Primitive Classification*， tr. And ed. With an introduction by Rodney Needham (London： Cohen & West， 1963)， PP.82-83。

5. 維柯，《新科學》(中譯本由北京商務出版)，405段。

6. 熱內維也夫‧卡拉姆-格里奧，《人種學和語言：道岡人的言語》，27頁；維克多‧特納《道岡人之言》一文，見其所著《戲劇，曠野和隱喻：人類社會的象徵行爲》， 156-165頁。

——Genevieve Calame－Griaule， *Ethnoligie et Langage： La parole chez les Dogon* (Paris： Gallimard， 1965)， P. 27； Victor Turner， "The Word of the Dogon，" in his Dramas， *Fields， and Metaphors： Symbolic Action In Human Society*(Ithaca ： Cornell University Press， 1974)， PP.156-165.

7. 馬塞爾‧格里奧，《和奧格特邁里的對話：道岡人的宗教思想引論》；以下簡稱《奧格特邁里》。下面的敘述僅僅是這次對話中的一小部分簡要記錄。我還意識到英美和法國的人種學家對1道岡人的研究有所不同。參閱特納《道岡人之言》；以及瑪麗‧道格拉斯《隱含的意義：人類學論文集》， 124-141頁。

—— Marcel Griaule， *Conversations with Ogotommeli： An Introduction to Dogon Religious Ideas* (London： Oxford University Press， 1965)；

Turner， " *The word of the Dogon*" ； Mary Douglas， *Implicit Meanings： Essays in Anthropology* (London： Routledge & Kegan Paul， 1975)， PP.124-141.

8. 《奧格特邁里》， 28頁。

9. 《奧格特邁里》，29頁。

10. 《奧格特邁里》，39頁。

11. 《奧格特邁里》，39頁。

12. 卡拉姆-格里奧，《人種學和語言》，第一部分，第五
章；第四部分，第一章。

13. 讓-保羅・列佩夫，《法里戈的棲居地：北喀麥隆的蒙
塔納》。
——Jean — Paul Lebeuf，*L ' habitation des Fali：
Montagnards du Cameroun septentrional* (Paris： Hachette，
1961)。

14. 《柏拉圖的宇宙學：柏拉圖的〈蒂邁歐篇〉》，弗蘭西斯
・麥克唐納・科思福德英譯本，32C-336，52頁。
——Plato ' s Cosmology：*The "Timaeus" of Plato*，
tr.，with commentary，by Francis MacDonald Cornford
(New York ： Liberal Arts Press， 1957)， 32C-336， P.
52.

15. 巴爾肯，《自然的藝術作品》，24頁。

16. 關於對《聖經》的擬人論詮釋和寓言論詮釋之間的對立
請參閱A・馬爾莫斯坦《論上帝的古猶太法學博士敎義
原則，II。擬人論論文集》。——A・ Marmorstein，
The Old Rabbinic Doctrine of God， II. Essays in
Anthropomorphism (Oxford ： Oxford University Press，
1937).

17. 巴爾肯，《自然的藝術作品》，28頁。

18. 托馬斯 R. 弗羅契，《海神之子的覺醒：威廉・布萊克詩
歌中的身體硏究》。
——Thomas R0 Frosch，*The Awakening of Albion ： The
Renovation of the Body in the Poetry of William Blake*
(Ithaca： Cornell University Press， 1974)。

19. 《威廉‧布萊克詩歌散文全編》，　大衛 V‧厄爾德曼編，　257頁。
　　── *The Complete Prose and Poetry of William Blake*，
　　newly revised edition，　ed. David V‧ Erdman (Berkeley：
　　University of California Press，　1982)，　P.257.

20. 梅西亞‧埃利亞德，《爐和鉗鍋：煉金術的起源和結構》，斯蒂芬‧科林譯，34-42頁。
　　── Mircea Eliade，　*The Forge and the Crucible：The Origins and Structures of Alchemy*，　tr. Stephen Corrin. 2ded.
　　(Chicago：　University of Chicago Press，　1978)，　PP.34-
　　42.

21. 奧托‧蘭克，《藝術和藝術家：創造性衝動和人格的發展》，查爾斯‧弗蘭西斯‧阿特肯林譯，　134-135頁。
　　── Otto Rank，　*Art and Artist：Creative Urge and Personality Development*，　tr. Charles Francis Atkinson (New
　　York：　Agathon Press，　1968)，　PP.134-135。

22. 李維史陀，《原始思維》(中譯本由聯經出版社出版)。
　　── Claude L evi-Strauss，　*The Savage Mind* (Chicago：
　　University of Chicago Press，　1966)。

23. 李維史陀，《原始思維》，　16頁。

24. 參見莫里斯‧伯曼，《世界的再魅化》。
　　──See Morris Berman，　*The Reenchantment of the World*
　　(Ithaca：　Cornell University Press，　1981).

第二章　　社會身體

1. 李維史陀，《原始思維》，168-169頁。
2. 對社會思想中關於身體隱喻的介紹，請參閱唐維德G. 麥克里，〈身體和社會隱喻〉，見強納生‧本特霍爾和特德‧坡爾赫姆斯所編的《作為一種表達媒介的身體》，59-73頁。

   —— Donald G. MacRae，"*The Body and Social Metaphor*"，in The Body as a Medium of Expression：An Anthology，ed. With an introduction by Jonathan Benthall and Ted Polhemus (New York：Dutton，1975)，PP.59-73.

3. 羅伯特‧赫茲，《死亡和右手》，羅德尼和克勞地亞‧尼德漢姆譯。

   ——Robert Hertz，*Death and the Right Hand*，tr. Rodney and Claudia Needham (Glencoe，Ⅲ.：Free Press，1960)。

4. 赫茲，《死亡和右手》，98頁。
5. 瑪麗‧道格拉斯，《純潔和危險：對污染和禁忌觀念的分析》；《自然的象徵：宇宙論探索》；《隱含意義：人類學論文集》；以及《文化偏見》。道格拉斯教授對拙著的初稿提出了十分善意的批評性評述。她可能會覺得，她雖然努力警告我不要沈湎於身體的浪漫構想中，但我還是仍然執著於一種千年至福的古老夢想之中從而將她的忠告當成了耳邊風。但不管怎樣，她的著作對於我的思想的形成十分重要。

   —— Mary Douglas，*Purity and Danger：An Analysis of Concepts of Pollution and Taboo* (Harmondsworth：Penguin，1970)；Natural Symbols：*Explorations in*

Cosmology (Harmondsworth： Penguin， 1973)；*Implicit Meanings：Essays in Anthropology* (London： Routledge & Kegan Paul， 1975)；and "*Cultural Bias*" (London： Royal Anthropological Institute of Great Britain and Ireland，Occasional Paper no.35， 1978).

6. 道格拉斯，《純潔和危險》，48頁。

7. 珍・索勒，〈希伯來人的飲食禁忌〉，載於《紐約書評》，1979年6月14日，24-30頁。亦參見埃德蒙R.利奇，《神話的起源》，收入約翰・米道頓編的《神話的宇宙：神話學和象徵主義的選讀》，1-13頁。
　　——Jean Soler，"*The Dietary Prohibitions of the Hebrews，*" The New York Retiew of Books， June 14， 1979， PP. 24-30.See also Edmund R. Leach ，"*Genesis as Myth，*" in Myth and Cosmos： Readings in Mythology and Symbolism， ed. John Middleton (Garden City， N.Y. ： Natural History Press， 1967)，PP.1-13.

8. 索勒，《飲食禁忌》，30頁。

9. 拉爾夫・包默，〈為什麼食火雞不是鳥？關於新幾內亞高卡拉姆地區動物分類的問題探索〉，載於《人》，n.s.2(1976年3月號)，5-25頁；S.J.塔姆比亞，〈動物有助於想像也適合於被禁忌〉。載於《人種學》，第8期(1969年10月)，423-459頁。這兩篇文章均收編在瑪麗・道格拉斯主編的《規則和意義：日常生活知識中的人類學》。
　　——Ralph Bulmer， "*Why Is the Cassowary not a Bird? A Problem of Zoological Taxonomy among the Karam of the New Guinea Highlands，*" Man， n.s.2(March 1967)， 5——25；S.J. Tambiah， " *Animals Are Good to Think and Good to Prohibit，*" Ethnology， 8(October 1969)， 424-

459。Both these articles are easily available in Mary Douglas，ed.，*Rules and Meanings ：The Anthropology of Everyday Knowledge* (Harmondsworth ： Penguin，1973)。

10. 見涂爾幹和莫斯，《原始分類》。

11. 瑪麗・道格拉斯，〈一頓飯的分析〉(*" Deciphering a Meal"*)，見其《隱含意義》，72頁。

12. 馬爾文・哈里斯，〈愛豬者和厭豬者〉，見其所著《母牛、豬、戰爭的女巫：文化之謎》，31-186頁；以及〈禁忌之肉〉，見其所著《食人族和國王》，142-154頁。亦參見馬歇爾・塞林斯〈蛋白質和利益之文化〉，載於《紐約書評》，1978年11月23日，45-53頁；〈食人風俗：交換〉，載於《紐約書評》，1979年3月22日，45-47頁；馬爾文・喻里斯〈食人族和國王：交換〉，載於《紐約書評》1979年6月28日，51-53頁。亦可參見保羅・迪耶恩納23.　　和尤金E.羅布金《生態學，進化以及文化溯源：伊斯蘭豬的生產問題》，載於《當代人類學》第19期(1978年9月，495-540頁。

——Marvin Harris，*" Pig Lover and Pig Hates"*，in his Cows， Pigs， Wars and Witches：The Riddle of Culture (London：Fontana，1977)，PP.31-186；also*" Forbidden Flesh，"* in his Cannibals and Kings (London： Fontana，1978)， PP.142-154. See also Marshall Sahlins， *" Culture as Protein and Profit，"* The New York Review of Books，November 23， 1978， PP.45-53；*" Cannibalism ： An Exchange，"* The New York Review of Books， March 22， 1979，PP.45-47；Marvin Harris，" Cannibals and Kings： An Exchange，" The New York Review of Books，June 28， 1979， PP.51-53. Paul Diener and Eugene E.

Robkin，" *Ecology，Evolution，and the Search for Cultural Origins : The Question of Islamic Pig Production，*" Current Anthropology， 19(September 1978)， PP.493-540.

13. 哈里斯，《食人族和國王》， 203-204 頁。

14. B. A.包德溫，〈行為溫度調節〉，收編在J. I. 蒙特斯和 L. E. 芒特編《動物和人的熱量損失：估價和控制》，97-117頁。
    —— B. A. Baldwin， " *Behavioral Thermoregulation，*" in Heat Loss from Animals and Man ： Assessment and Control， ed.， J. I. Monteith and L. E. Mount (London ： Butterworth， 1974)， PP.97-117.

15. 關於這一點，請參閱瑪麗‧道格拉斯〈陷入泥沼的愛爾蘭人〉(" *the Bog Irish*")，見其所著《自然的象徵》，59-76頁。

16. 哈里斯，《食人族和國王》， 154頁。

17. 參見馬歇爾‧薩林斯，《文化和實踐理性》；埃德蒙‧利奇，《李維史陀》；李維史陀，《生食和熟食：一種方法論科學引論〉(中譯本由時報文化出版)，卷一，約翰和道林‧魏特曼；以及其〈烹調三角〉，載於於《拱門》，第 26 期(1965 年)， 19-29 。
    —— See Marshall Sahlins， *Culture and Practical Reason* (Chicago： University of Chicago Press， 1976)；Edmund Leach， *Claude L evi-Strauss* (New York， 1970)； Claude L evi-Strauss， *The Raw and the Cooked ： Introduction to a Science of Mythology，* vol. 1， tr. John and Doreen Weightman (New York： Harper & Row， 1970)； also his " *Le triangle culinaire，*" L ' Arc， no. 26(1965)， PP.19-29.

18.　薩斯林，〈美國家畜的食物偏好和禁忌〉，收錄在其所
　　著《文化和實踐理性》一書中，170-204頁。
　　—— Sahlins，"*Food Preference and Tabu in American*
　　Domestic Animals，" followed by "Notes on the American
　　Clothing System，" in his *Culture and Practical Reason*，
　　PP.170-204.

19.　埃德蒙‧利奇，〈語言的人類學外觀：動物類別和髒
　　話〉，見埃里克H.倫伯格所編《語言研究的新方向》，
　　23-63頁。實際上，利奇的論述較此處詳盡得多。他所
　　探討的是性和動物類別之間的聯繫，從而解釋後者在髒
　　話中所扮演的角色。
　　—— Edmund Leach，　"*Anthropological Aspects of*
　　Language：Animal Categories and Verbal Abuse，" in New
　　Directions in the Study of Language，ed. Eric H. Lenneberg
　　(Cambridge： MIT Press，1964)，PP.23-63。

20.　參見 M. A. 克勞福特和 J. P. W. 里瓦爾斯，〈蛋白質神
　　話〉，收編在 F.斯蒂爾和A.博恩所編《人和食物之間的
　　平衡》，235-245頁。
　　——See M. A. Crawford and J.P. W. Rivers，"*The Protein*
　　Myth，" in The Man/Food Equation，ed. F. Steele and A。
　　Bourne (New York： Academic Press： 1975)，PP.235-
　　245。

21.　喬治‧博格斯特拉姆，《食物和人的兩難》，64頁。
　　—— Georg Borgstrom，　*The Food and People Dilemma*
　　(Belmont，Calif： Duxbury Press，1973)，P.64。

22.　弗蘭西斯‧摩爾‧拉普，《一個小行星上的飲食》，13-
　　14頁。
　　——Frances Moore Lapp e，*Diet for a Small Planet* (New
　　York： Ballantine，1975)，PP.13-14。

23. 亞歷山大・科克班，〈美食色情〉，載於《紐約書評》，
1977 年 12 月 8 日號， 15-19頁。
—— Alexander Cockburn， "*Gastro-Porn*，" The New
York Review of Books， December 8，1977。PP.15-19。

第三章　　政治身體

1. 巴爾肯，《自然的藝術作品》，62 頁。

2. 《柏拉圖的理想國》(聯經有中譯本)，卷 II，II 372A-374E。

   —— *The Republic of Plato*，Bk II，II 372A-374E。

3. 利維，〈羅馬早期史〉，見奧伯利・德・塞林科特所譯《羅馬通史》(一至四卷)，141-142 頁。

   —— Livy，*The Early History of Rome*，Books I —IV of *The History of Rome from Its Foundation*. tr. Aubrey de Selincourt (Harmondsworth： Penguin， 1960)， PP.141-142.

4. 參見約翰 A.T.羅賓遜，《身體：保羅神學研究》。

   —— See John A.T. Robinson，*The Body : A Study in Pauline Theology* (London： SCM Press。 1952).

5. 恩斯特・康托拉瓦茨，《國王的兩種身體》，13 頁。

   —— Ernst Kantorowicz，*The King 's Two Bodies* (Princeton： Princeton University Press， 1957)， P.13.

6. 康托拉瓦茨，《國王的兩種身體》，201 頁。

7. 保羅・阿坎波特，〈文藝復興政治文學中的身體類比〉，載於《人道主義和文藝復興叢書》，第 29 期 (1967)， 21-63頁。

   —— Paul Archambault，"*The Analogy of the 'Body '* in Renaissance Political Literatrue，" Bibliotheque d' Humanisme et Renaissance， 29(1967)， 21-63頁.

8. 約翰・福特斯庫爵士，De Lauaibus Legum Angliae，S.B.克里姆斯選編並英譯 31 頁。

   —— Sir John Fortescue， De Lauaibus Legum Angliae， ed. And tr. With introduction and notes by S.B. Chrimes

(Cambridge： Cambridge University Press， 1942)， P.31.

9. 唐納德 M‧弗萊姆所譯《蒙田全集》(中譯本由台北商
務出版)，卷三：9：732-7733頁。亦參見卡羅爾 E.克
拉克,〈蒙田和16世紀法國的政治論述形象〉,載於《法
國研究》24 期(1970 年 10 月)：337-355頁。

—— *The Complete Essays of Montaigne* ， tr. Donald M.
Frame (Stanford： Stanford University Press， 1965)， Bk。
Ⅲ： 9：732-733. See also Carol E. Clark ， "*Montaigne
and the Imagery of Political Discourse in Sixteenth Century
France*，" French Studies， 24， (October 1970)： P.337-
355.

10. 萊斯利 J.華爾克所譯《尼科拉‧馬基亞維利語錄》,卷
Ⅲ,第十篇語錄。

—— *The Discourses of Niccolo Machiavelli* 。 tr. With an
introduction and notes by Leslie J. Walker (London：
Routledge & Kegan Paul， 1950)， Bk Ⅲ， Discourse 10.

11. De Lauaibus Legum Angliae， P.33。

12. 參見奧托‧基爾克,《中世紀的政治理論》， F.W.梅特
蘭德譯， 67-73 頁。

—— See Otto Gierke， *Political Theories of the Middle
Age*， tr. With an introduction by F.W. Maitland (Cambridge：
University Press， 1958)， pP.67-73 .

13. 參見尤爾根‧哈伯馬斯,《合法性危機》(桂冠、時報均
有中譯本),托馬斯。麥克阿瑟譯。

——See Jurgen Habermas， *Legitimation Crisis*， tr. Thomas
McCarthy (Boston： Beacon， 1975)。

14. 哈貝馬斯,《合性性危機》， 36-37頁。

15. 簡‧貝特克‧艾爾希坦,《公共男人,私有女人：社會
和政治思想中的女人》， 333頁。

——Jean Bethke Elshtain，*Public Man，Private Woman：Women in Social and Political Thought* (Oxford ： Martin Robertson， 1981)， P.333.

16. 參見拙文〈早期和晚期資本主義中法律的解家庭化和女性化〉。

——See my *"Defamilization and the Feminizartion of Law in Early and Late Capitalism."*

17. 理查‧巴薩卡和瑪麗 P.萊恩，〈超越家庭危機〉，載於《民主》，第二期(1982 年秋季號)，79-92 頁；以及安德魯‧海克，〈與 19.　　家庭作別？〉，載於於《紐約書評》，1982 年 3 月 18 日，37-44 頁。

——Richard Busaca and Mary P. Ryan， *"Beyond the Family Crisis，"* Democracy， 2(Fall 1982)， 79-92； compare also Andrew Hacker， *"Farewell to the Family?"* The New York Review of Books， March 18， 1982， pP. 37-44.

18. 克里斯托弗‧拉什，〈治療型國家中的生活〉，載於《紐約書評》，1980 年 6 月 12 日，24-32 頁。

——Christopher Lasch， *"Life in the Therapeutic State，"* The New York Review of Books， June 12， 1980， pP. 24-32.

19. 斯圖亞特‧艾文，《意識首領：消費文化中的廣告和社會根源》，184 頁。

——Stuart Ewen， *Captains of Consciousness：Advertising and the Social Roots of the Consumer Culture* (New York： McGraw-Hill， 1976)， P.184.

20. 參見拙文〈細解傳媒：揭露和顛覆〉，收編在麥克 J.海德所編《溝通哲學和技術時代》，73-97 頁。

——See my *"Looking into the Media ：Revelation and*

Subversion，" in Communication Philosophy and the Technological Age， ed. Michael J. Hyde (University： University of Alabama Press， 1982)， P.73-97．

21. 參見伯頓 J.布萊德斯坦，《專業作風文化：中產階級和美國高等教育的發展》。
—— See Burton J. Bledstein， *The Culture of Professionalism：The Middle Class and the Development of Higher Education in America* (New York： Norton， 1978).

22. 雅克‧鄧茲洛特，《家庭的管理》，羅伯特。哈萊譯，94頁。
—— Jacques Donzelot， *The Policing of Families*， tr. Robert Hurley (New York： Pantheon， 1979)， P.94.

23. 參見朱麗婭‧布拉斐和卡羅‧斯馬特，〈從蔑視冷漠到聲名狼藉：家庭法中婦女的地位〉，載於《女性主義批評》，9(1981)，3-15頁；瑪麗‧麥金托什，〈婦女的受壓迫狀況〉，載於於安妮特庫恩和安妮‧莫麗‧伍爾普所編《女性主義和唯物主義：婦女和生產方式》，254-289頁。
——See Julia Brophy and Carol Smart， "*From Disregard to Disrepute：The Position of Women in Family Law*，" Feminist Review， 9(1981)， pP.3-15；Mary McIntosh， "The State and the Oppression of Women， " in Feminism and Materialism：Women and Modes of Production， ed. Annette Kuhn and Ann Marie Wolpe (Boston： Routledge & Kegan Paul， 1978)， pP.254-289．

24. 伊麗莎白‧威爾遜，《婦女和福利國家》，9頁。
—— Elizabeth Wilson， *Women and the Welfare State* (London：Tavistock， 1977)， P.9.

第四章　　消費身體

1. 《柏拉圖的理想國》，卷 II，372A，F.M.科恩福特譯。
   —— *The Republic of Plato*，Bk。II，372A，tr. F.M.
   Cornford (Oxford：Clarendon Press，1941).

2. J. K.加爾布雷斯，《福裕社會》，153頁；亦參見拙文
   〈公共和私人空間〉，載於於《作爲皮毛貿易的社會
   學》，20-37頁。
   ——John Kenneth Galbraith，*The Affluent Society* (Boston：
   Houghton Mifflin，1958)，P.153；See also my "*Public
   and Private Space*，"in Sociology as a Skin Trade，pP.20-
   37.

3. 參見麥克・奧克肖特，〈托馬斯・霍布斯筆下的道德生
   活〉，收編在其所著《政治學中的理性主義及其他論
   文》；以艾爾伯特 O. 赫席曼，《激情和利益：爲資本
   主義的勝利所作的政治辯護》。
   —— See Michael Oakeshott，"*Moral Life in the Writings
   of Thomas Hobbes*"，in his Rationalism in Politics and
   Other Essays (London：Methuen，1967)；also Albert O.
   Hirschman，*The Passions and the Interests：Political
   Arguments for Capitalism before Its Triumph* (Princeton：
   Princeton University Press，1977).

4. 伯納德・曼德維爾，《蜜蜂的寓言》，菲力・哈斯所
   編，《前言》，54-55頁。
   —— Bernard Mandeville，*The Fable of the Rees*，ed.
   Phillip Harth (Harmondsworth：Penguin Books，1970)，
   Preface，pP.54-55.

5. 關於對《有閒階級理論》（台灣經濟研究院有中譯本，北
   京商務亦有中譯本）所作的馬克思主義的批判性評論，

請參閱保羅 A.巴蘭，《長遠觀點：政治經濟學批判文集》，約翰・歐尼爾選編， 210-222 頁。

——For a critical Marxist review of The *Theory of the Leisure Class* see Paul A. Baran， *The Longer View ： Essays toward a Critique of Political Economy*， ed. With an introduction by John O' Neill (New York ： Monthly Review Press， 1969)， pP.210-222 .

6. 羅斯・班乃迪克，《文化模式X中譯本由巨流出版社出版）。

    —— Ruth Benedict， *Patterns of Culture* (London： Routledge & Kegan Paul， 1935).

7. 瑪麗・道格拉斯和巴朗・艾什爾伍德，《商品的世界：走向消費人類學》，第七章，〈人種史中的獨立經濟領域〉。

    —— Mary Douglas and Baron Isherwood， *The World of Goods ： Towards an Anthropology of Consumption* (London： Allen Lane： 1979)， ch.7， "Separate Economic Spheres in Ethnography."

8. 參見馬爾文，哈里斯，〈冬宴〉，收編在其所著《奶牛，豬，戰爭和女巫》，81-97頁；亦參見威廉・萊斯，〈需求，交換和戀物癖〉，《加拿大政治和社會理論學報》，2(1978 年秋季號)， 27-48頁，以及文斯・帕克德，《追求名譽者》。

    —— See Marvin Harris， "*Potlatch*，" in his Cows， Pigs， Wars and Witches， pP.81-97； see also William Leiss， "*Needs， Exchanges and the Fetishism of Objects*，" Canadian Journal of Political and Social Theory， 2(Fall， 1978)， 27-48； and Vance Packard， *The Status Seekers* (New York： McKay， 1959).

9. 亨利・列斐弗爾，〈控制消費的官僚社會〉，見其所著
《現代世界中的日常生活》，薩沙・拉賓洛維奇譯，
102-103頁。
—— Henri Lefebvre， "*The Bureaucratic Society of
Controlled Consumption*，" in his *Everyday Life in the
Modern World*， tr. Sacha Rabinovitch (London： Allen
Lane， 1971)， pP.102-103.

10. 羅蘭・巴特，〈新雪鐵龍〉，載於於《神話學》，安妮
特・拉維特編譯，88頁(中譯本由桂冠出版社出版)。
—— Roland Barth， "*The New Citroen*，" in his
Mythologies， selected and tr. Annette Lavette (London：
Paladin， 1973)， P.88.

11. 布希亞，《符號的政治經濟學批判》，76-77頁。試比
較哈維・科克斯對「美國小姐」和「花花公子」的功
能的分析，見其所著《世俗城市：從神學觀點看世俗化
和城市化》，167-178頁。
—— Jcan Baudrillard， *Pour une critique de l'economie
politique du signe* (Paris： Gallimard， 1972)， pP.76-77；
Harvey Cox's， *The Secular City：Secularization and
Urbanization in Theological Perpective* (New York ：
Macmillan， 1971)， pP.167-178.

12. 參見羅斯萊恩・瓦拉奇・波羅，《辯證現象學：馬克思
的方法》，61-69頁。
—— See Roslyn Wallach Bologh， *Dialectical
Phenomenology：Marx 's Method* (London： Routledge &
Kegan Paul， 1979)， pP.61-69.

13. 參見馬歇爾・塞林斯，〈資產階級思想：作為文化的兩
方社會〉，載於其所著《文化和實踐理性》，166-204
頁。

—— See Marshall Sahlins, "*La pensee bourgeoise：Western Society as Culture，*" in his *Culture and Practical Reason*, pP.166-204。

14. 桑尼特和卡布，《階級的隱傷》，171頁。
—— Sennett and Cobb, *Hidden Injuries of Class*, P.171.

15. 約翰·肯尼斯·加爾布雷斯，〈消費和家務觀念〉，見其所著《經濟學和公共目的》，31-40頁。
—— John Kenneth Galbraith, "*Consumption and the Concept of the Household，*" in his *Economics and the Public Purpose* (Boston： Houghton Mifflin, 1973), pP.31-40.

16. 加爾布雷斯，《經濟學和公共目的》，39-40頁。

17. 加爾布雷斯，《經濟學和公共目的》，253-261頁。

18. 參見亞瑟 L. 開普蘭，《社會生物學之爭論》。
—— See Arthur L. Caplan, *The Sociology Debate* (New York： Harper & Row, 1978).

19. 朱麗葉·米歇爾，〈婦女：最漫長的革命〉，載於《新左派評論》，1966年11月至12月號，11-37頁。
——Juliet Mitchell, "*Women：The longest Revolution，*" New Left Review, November 1966, pP.11-37.

20. 艾利斯 S.羅絲，〈母性，性和新女性主義〉，載於於約瑟夫·佐賓和約翰·蒙尼所編《當代性行為：七十年代的重大問題》，169頁。
—— Alice S. Rossi, "*Maternalism, Sexuality, and the New Feminism，*" in Contemporary Sextual Behavior：Critical Issues in the 1970's, ed. Joseph Zubin and John Money (Baltimore： Johns Hopkins University Press, 1973), P.169。

21. 雷內·列維，《身心症候和婦女的抗議：對家庭中的結構緊張所作出的兩種反應類型》，載於《健康和社會行

為學刊》，17(1976 年 6 月)，122-134 頁。

——Rene Levy，*"Psychosomatic Symptoms and Women '
s Protest : Two Types of Reaction to structural strain in the
Family , "* Journal of Health and Social Behavior，17(June
1976)，122-134頁。

22. 萊昂內爾・特里林，〈金塞報告〉，見其所著《自由想
     像：文學和社會論文選》，242頁。
     ——Lionel Trilling，*"The Kinsey Report , "* in his *The
     Liberal Imagination : Essays on Literature and Society* (New
     York : Viking，1950)，P.242.

第五章　　醫學身體

1. 文森特‧納瓦羅,〈社會階級,政治權力和國家:它們在醫學中的含義〉,載於《批判社會學:歐洲的視角》,J.W.弗雷伯格選編, 297-344頁。
   ——Vicente Navarro, "*Social Class, Political Power, and the State*: Their Implications in Medicine," in *Critical Sociology: European Perspectives*, ed. J.W. Freiberg (New York: Irvington, 1979), pP.297-344。

2. 參見伊萬‧伊里區,〈逗弄需求〉,見其所著《走向需求的歷史》, 93-94頁;以及伊萬‧伊里區,〈醫學復仇者:對健康的剝奪〉;文森特‧納瓦羅,〈戀物癖的工業化或工業化的戀物癖:對伊萬‧伊里區的批判〉,載於《社會科學和醫學》, 9(1975), 351-363頁;大衛F.哈拉賓,《醫學的自大狂:答伊萬‧伊里區》。
   ——See Ivan Illich, "*Tantalizing Needs*," in his *Toward a History of Needs* (New York: Pantheon, 1977), pP.93-94; also Ivan Illich, *Medical Nemesis: the Expropriation of Health* (London: Calder & Boyars, 1975): and Vicente Navarro, "*The Industrialization of Fetishism or the Fetishism of Industrialization : A Critique of Ivan Illich*," Social Science and Medicine, 9(1975), 351-363頁; also David F. Horrobin, *Medical Hubris: A Reply to Ivan Illich* (Montreal: Eden Press, 1977).

3. 《美國的工作:特別工作組提交給衛生,教育和福利部長的報告》, 77-79頁。
   ——*Work in America : Report of a Special Task Force to the Secretary of Health*, Education and Welfare (Cambridge: M.I.T. Press, 1973), pP.77-79.

4.　彼德 K.曼寧和小霍拉西奧‧法布里加,〈自我和身體的
　　體驗：契亞帕斯高地的健康和疾病〉,見喬治‧沙薩斯
　　所編《現象學社會學：問題和應用》。251-301頁。
　　——Peter K. Manning and Horacio Fabroga , Jr. , *"The
　　Experience of Self and Body : Health and Illness in the
　　Chiapas Highlands , "* in *Phenomenological Sociology :
　　Issues and Applications ,* ed. George Psathas , copyright c
　　1973 by John Wiley and Sons , Inc. (New York : Wiley ,
　　1973) , pP.251-301.

5.　伊里區,《醫學復仇者》, 160頁。

6.　理查德 M.梯特矛斯,《禮品關係：從人血到社會政
　　策》：亦見G.E.W.華爾斯坦荷姆,〈一種陳舊的程序：
　　輸血的發展〉,載於 G.E.W.華爾斯坦荷姆和馬耶夫‧奧
　　康納所編《醫學進步中的倫理學》, 24-42頁。
　　—— Richard M. Titmuss , *The Gift Relationship : From
　　Human Blood to Social Policy* (New York : Vintage ,
　　1971) ; see also G.E.W. Wolstenholme , *"An Old
　　Established Procedure : The Development of Blood
　　Transfusion , "* in Ethics in Medical Progress , with Special
　　Reference to Transplantation , ed. G.E.W. Wolstenholme and
　　Macve O ' Connor (London : J. and A. Churchill , 1966) ,
　　pP.24-42.

7.　參見伊林‧塔維斯,〈對生物醫學科學和技術的社會控
　　制中的問題〉,見伊維里特‧曼德爾索思,朱蒂斯 P.斯
　　瓦茨和伊林‧塔維斯所編《生物醫學創新中的人類因
　　素》, 3-45頁。
　　——See Ivene Taviss , *"Problems in the Social Control of
　　Biomedical Science and Technology , "* in *Human Aspects
　　of Biomedical Innovation ,* ed. Everett Mendelsohn , Judith

P. Swazey， and Irene Taviss (Cambridge： Harvard University Press. 1971)， pP.3-405 .

8.　參見傑拉德・利奇，《生物統治者：醫學進步的含義》，亦見阿米泰・艾特日奧尼，《基因裝配的含義：下一次技術革命》
—— See Gerald Leach， *The Biocrats : Implications of Medical Progress* (Harmondsworth： Penguin， 1972)；also Amitai Etzioni， *Genetic Fix : The Next Technological Revolution* (New York ： Harper Colophon， 1973.

9.　梯特矛斯，《禮品關係》，158頁。

10.　江奈生・米勒，《被追問的身體》，第六章，《美好的液汁》。
—— Jonathan Miller， *The Body in Question* (London：Jonathan Cape， 1978)， ch.6， "The Amiable Juice."

11.　米勒，《被追問的身體》，第八章，禮品是好東西嗎？("Is the Gift a Good One")

12.　梯特矛斯，《禮品關係》，245-246頁。

13.　艾特日奧尼，《基因裝配》，104頁。

14.　梯特矛斯，《禮品關係》，第十三章，誰是我的陌生人？("Who Is My Stranger?")

15.　梯特矛斯，《禮品關係》，225-226頁。

16.　參見艾倫・謝立丹，《米歇爾・傅科：求眞意志》。
—— See Alan Sheridan， *Michel Foucault : The Will to Truth* (London： Tavistock， 1980).

17.　米歇爾・傅科；《規訓與懲罰：監獄的誕生》，艾倫・謝立丹譯，28頁（中譯本由桂冠出版）。
—— Michel Foucault， *Discipline and Punish : The Birth of the Prison*， tr. Alan Sheridan (New York： Vintage， 1979)， P.28.

18. 傅科，《性史》，Ⅰ：45頁。重點號爲筆者所加。
19. 傅科，《性史》，Ⅰ：98-102頁。
20. 傅科，《性史》，Ⅰ：146-147頁。 重點號爲筆者所加。
21. 參見鄧茲洛特，《家庭的管理》，
22. 尼古拉斯 N.克特里，《異端的權利：異常行爲和強迫治療》，尤其是第八章，〈治療的理想：無約束權力之罪惡〉。
　　——Nicholas N. Kittrie， *The Right to Be Different : Deviance and Enfored Therapy* (Baltimore： Johns Hopkins Press， 1971)， especially ch8，" *The Therapeutic Ideal : The Evils of Unchecked Power*"
23. 尼古拉斯，《異端的權利》，392-393頁。 底線爲筆者所加。
24. 菲利普‧里耶夫，《治療的勝利：弗洛伊德之後對信仰的利用》，61頁。
　　——Philip Rieff， *The Triumph of the Therapeutic : Uses of Faith after Freud* (London： Chatto & Windus， 1966)，P.61.
25. 里耶夫，《治療的勝利》，65頁。
26. 里耶夫，《治療的勝利》，26頁。
27. 參見南尼特 J.戴維斯和波‧安德生，《社會控制：現代國家裡的異端生產》。
　　——See Nanette J. Davis and Bo Anderson， *Social Control : The Production of Deviance in the Modern State* (New York： Irvington， 1983).
28. 里耶夫，《治療的勝利》，24-25頁。
29. 艾文，《意識之首領》，201-202頁。
30. 詹姆士‧阿基和華爾克‧伊萬斯，《現在讓我們讚美偉人》，52頁。

—— James Agee and Walker Evans ， *Let Us Now Praise Famous Men* (New York ： Ballantine ， 1966) ， P.52.

結論　人類身體的未來形態

1.　狄倫・托馬斯，《曾有過時間嗎》，《詩選，1934-
1952》，50頁。
—— Dylan Thomas，"*Was There a Time*，" Collected
Poems，1934-1952(London：Dent，1952)，P.50.

2.　維柯，《新科學》，第377段。

3.　維柯，《新科學》，第520段。

4.　維柯，《新科學》，第374段。

5.　參見傅科，《規訓與懲罰》和《性史》。

6.　參見奧布里・米倫斯基和喬治 J.安納斯所編，《遺傳和
法律》，卷 I 和卷 II。
—— See Aubrey Milunsky and George J. Annas，eds.，
Genetics and the Law，vols. I and II (New York：Plenum
Press，1975 and 1980).

7.　利奇，《生物統治者》，153-154頁。重點號為筆者所
加。

8.　參見讓・布希亞，《論誘惑》，231-232頁。
—— See Jean Baudrillard，*De la seduction* (Paris：
Galilee，1979)，pP.231-232.

9.　參見伊里區，《醫學復仇者》，以及伊萬・伊里區，《現
代醫學的文化危機》，約翰・艾倫里奇編。
—— See Illich，*Medical Nemesis*；also Ivan Illich，*The
Culture Crisis of Modern Medicine*，ed. John Ehrenreich
(New York：Monthly Review Press，1978).

10.　托馬斯，《詩選》，116頁。

參考書目

Archambault, Paul. "The Analogy of the 'Body' in Renaissance Political Literature." *Bibliothèque d'Humanisme et Renaissance*, 29 (1967), 21–63.

Baldwin, B. A. "Behavioural Thermoregulation." In *Heat Loss from Animals and Man: Assessment and Control*. Ed. J. I. Monteith and L. E. Mount. London: Butterworth, 1974. Pp. 97–117.

Baran, Paul A. *The Longer View: Essays toward a Critique of Political Economy*. Ed. with an introduction by John O'Neill. New York: Monthly Review Press, 1969.

Barkan, Leonard. *Nature's Work of Art: The Human Body as Image of the World*. New Haven: Yale University Press, 1975.

Barthes, Roland. *Mythologies*. Selected and tr. Annette Lavette. London: Paladin, 1973.

Baudrillard, Jean. *De la séduction*. Paris: Galilée, 1979.

——. *Pour une critique de l'économie politique du signe*. Paris: Gallimard, 1972.

Benedict, Ruth. *Patterns of Culture*. London: Routledge & Kegan Paul, 1935.

Berman, Morris. *The Reenchantment of the World*. Ithaca: Cornell University Press, 1981.

Bledstein, Burton J. *The Culture of Professionalism: The Middle Class and the Development of Higher Education in America*. New York: Norton, 1978.

Blumer, Ralph. "Why Is the Cassowary not a Bird? A Problem of Zoo-

logical Taxonomy among the Karam of the New Guinea Highlands."
Man, n.s. 2 (March 1967), 5–25.

Bologh, Roslyn Wallach. *Dialectical Phenomenology: Marx's Method*. London: Routledge & Kegan Paul, 1979.

Borgstrom, George. *The Food and People Dilemma*. Belmont, Calif.: Duxbury Press, 1973.

Bourdieu, Pierre. "Remarques provisoires sur la perception sociale du corps." *Actes de la Recherche en Sciences Sociales*, April 14, 1977. Pp. 51–54.

Brophy, Julia, and Carol Smart. "From Disregard to Disrepute: The Position of Women in Family Law." *Feminist Review*, 9 (1981), 3–15.

Busaca, Richard, and Mary P. Ryan. "Beyond the Family Crisis", *Democracy*, 2 (Fall 1982), 79–92.

Calame-Griaule, Geneviève. *Ethnologie et languge: La parole chez les Dogon*. Paris: Gallimard, 1965.

Caplan, Arthur L. *The Sociobiology Debate*. New York: Harper & Row, 1978.

Clark, Carole. "Montaigne and the Imagery of Political Discourse in Sixteenth Century France." *French Studies*, 24 (October 1970), 337–355.

Cockburn, Alexander. "Gastro-Porn." *The New York Review of Books*, December 8, 1977. Pp. 15–19.

Conger, George Perrigo. *Theories of Macrocosms and Microcosms*. New York: Columbia University Press, 1922.

Cooley, Charles Horton. *Human Nature and the Social Order*. New York: Schocken, 1964.

Cox, Harvey. *The Secular City: Secularization and Urbanization in Theological Perspective*. New York: Macmillan, 1971.

Crawford, M. A., and J. P. W. Rivers. "The Protein Myth." In *The Man/Food Equation*. Ed. F. Steele and A. Bourne. New York: Academic Press, 1975. Pp. 235–245.

Davis, Nanette J., and Bo Anderson. *Social Control: The Production of Deviance in the Modern State*. New York: Irvington, 1983.

Diener, Paul, and Eugene E. Robkin. "Ecology, Evolution, and the Search for Cultural Origins: The Question of Islamic Pig Production." *Current Anthropology*, 19 (September 1978), 493–540.

Donzelot, Jacques. *The Policing of Families*. Tr. Robert Hurley. New York: Pantheon, 1979.

Douglas, Mary. "Cultural Bias." London: Royal Anthropological Institute of Great Britain and Ireland, Occasional Paper no. 35, 1978.

——. *Implicit Meanings: Essays in Anthropology*. London: Routledge & Kegan Paul, 1975.

——. *Natural Symbols: Explorations in Cosmology*. Harmondsworth: Penguin, 1973.

——. *Purity and Danger: An Analysis of Concepts of Pollution and Taboo*. Harmondsworth: Penguin Books, 1970.

——. *Rules and Meanings: The Anthropology of Everyday Knowledge*. Harmondsworth: Penguin, 1973.

Douglas, Mary, and Baron Isherwood. *The World of Goods: Towards an Anthropology of Consumption*. London: Allen Lane, 1979.

Durkheim, Emile, and Marcel Mauss. *Primitive Classification*. Tr. and ed. with an introduction by Rodney Needham. London: Cohen & West, 1963.

Eliade, Mircea. *The Forge and the Crucible: The Origins and Structures of Alchemy*. Tr. Stephen Corrin. 2d ed. Chicago: University of Chicago Press, 1978.

Elshtain, Jean Bethke. *Public Man, Private Woman: Women in Social and Political Thought*. Oxford: Martin Robertson, 1981.

Etzioni, Amitai. *Genetic Fix: The Next Technological Revolution*. New York: Harper Colophon, 1973.

Ewen, Stuart. *Captains of Consciousness: Advertising and the Social Roots of the Consumer Culture*. New York: McGraw-Hill, 1976.

Fortescue, Sir John. *De laudibus Legum Angliae*. Ed. and tr. with introduction and notes by S.B. Chrimes. Cambridge: Cambridge University Press, 1949.

Foucault, Michel. *Discipline and Punish: The Birth of the Prison*. Tr. Alan Sheridan. New York: Vintage, 1979.

——. *The History of Sexuality*. Tr. Robert Hurley. New York: Vintage, 1980.

Freud, Sigmund. *Civilization and Its Discontents*. Tr. and ed. James Strachey. New York: Norton, 1962.

Frosch, Thomas R. *The Awakening of Albion: The Renovation of the Body in the Poetry of William Blake*. Ithaca: Cornell University Press, 1974.

Galbraith, John Kenneth. *Economics and the Public Purpose*. Boston: Houghton Mifflin, 1973.

———. *The Affluent Society*. Boston: Houghton Mifflin, 1958.

Gierke, Otto. *Political Theories of the Middle Age*. Tr. with introduction by F. W. Maitland. Cambridge: Cambridge University Press, 1958.

Grene, Marjorie. *Approaches to Philosophical Biology*. New York: Basic, 1965.

Griaule, Marcel. *Conversations with Ogotommêli: An Introduction to Dogon Religious Ideas*. London: Oxford University Press, 1965.

Habermas, Jürgen. *Legitimation Crisis*. Tr. Thomas McCarthy. Boston: Beacon, 1975.

Hacker, Andrew. "Farewell to the Family?" *The New York Review of Books*, March 18, 1982. Pp. 37–44.

Harris, Marvin. *Cannibals and Kings*. London: Fontana, 1978.

———. "Cannibals and Kings: An Exchange." *The New York Review of Books*, June 28, 1979. Pp. 51–53.

———. *Cows, Pigs, Wars and Witches: The Riddles of Culture*. London: Fontana, 1977.

Hertz, Robert. *Death and the Right Hand*. Tr. Rodney and Claudia Needham. Glencoe, Ill.: Free Press, 1960.

Hirschman, Albert O. *The Passions and the Interests: Political Arguments for Capitalism before Its Triumph*. Princeton: Princeton University Press, 1977.

Horrobin, David F. *Medical Hubris: A Reply to Ivan Illich*. Montreal: Eden Press, 1977.

Illich, Ivan. *The Cultural Crisis of Modern Medicine*. Ed. John Ehrenreich. New York: Monthly Review Press, 1978.

———. *Gender*. New York: Pantheon, 1982.

———. *Medical Nemesis: The Expropriation of Health*. London: Calder & Boyars, 1975.

———. *Toward a History of Needs*. New York: Pantheon, 1977.

Kantorowicz, Ernst. *The King's Two Bodies*. Princeton: Princeton University Press, 1957.

Kittrie, Nicholas N. *The Right to Be Different: Deviance and Enforced Ther-*

apy. Baltimore: Johns Hopkins Press, 1971.

Lappé, Frances Moore. *Diet for a Small Planet*. New York: Ballantine, 1975.

Lasch, Christopher. "Life in the Therapeutic State." *The New York Review of Books*, June 12, 1980. Pp. 24–32.

Leach, Edmund. "Anthropological Aspects of Language: Animal Categories and Verbal Abuse." In *New Directions in the Study of Language*. Ed. Eric H. Lenneberg. Cambridge: MIT Press, 1964. Pp. 23–63.

——. *Claude Lévi-Strauss*. New York: Viking, 1970.

——. "Genesis as Myth." In *Myth and Cosmos: Readings in Mythology and Symbolism*. Ed. John Middleton. Garden City, N.Y.: Natural History Press, 1967. Pp. 1–13.

Leach, Gerald. *The Biocrats: Implications of Medical Progress*. Harmondsworth: Penguin, 1972.

Lebeuf, Jean-Paul. *L'habitation des Fali: Montagnards du Cameroun septentrional*. Paris: Hachette, 1961.

Lefebvre, Henri. *Everyday Life in the Modern World*. Tr. Sacha Rabinovitch. London: Allen Lane, 1971.

Leiss, William. "Needs, Exchanges and the Fetishism of Objects." *Canadian Journal of Political and Social Theory*, 2 (Fall 1978), 27–48.

Lévi-Strauss, Claude. *The Raw and the Cooked: Introduction to a Science of Mythology*. vol. 1. Tr. John and Doreen Weightman. New York: Harper & Row, 1970.

——. *The Savage Mind*. Chicago: University of Chicago Press, 1966.

——. "Le triangle culinaire." *L'Arc*, no. 26 (1965), pp. 19–29.

Levy, René. "Psychosomatic Symptoms and Women's Protest: Two Types of Reaction to Structural Strain in the Family." *Journal of Health and Social Behavior*, 17 (June 1976), 122–134.

MacRae, Donald G. "The Body and Social Metaphor." In *The Body as a Medium of Expression: An Anthology*. Ed. with an introduction by Jonathan Benthall and Ted Polhemus. New York: Dutton, 1975. Pp. 59–73.

Manning, Peter K., and Horacio Fabrega, Jr. "The Experience of Self and Body: Health and Illness in the Chiapas Highlands." In *Phenomenological Sociology: Issues and Applications*. Ed. George Psathas. New York: Wiley, 1973. Pp. 251–301.

Marmorstein, Arthur. *The Old Rabbinic Doctrine of God, II. Essays in An-thropomorphism*. Oxford: Oxford University Press, 1937.

Mauss, Marcel. "Techniques of the Body." *Economy and Society*, 2, (1973), 70–88.

McIntosh, Mary. "The State and the Oppression of Women." In *Feminism and Materialism: Women and Modes of Production*. Ed. Annette Kuhn and Ann Marie Wolpe. Boston: Routledge & Kegan Paul, 1978. Pp. 254–289.

Merleau-Ponty, Maurice. *Phenomenology of Perception*. Tr. Colin Smith. London: Routledge & Kegan Paul, 1962.

Miller, Jonathan. *The Body in Question*. London: Jonathan Cape, 1978.

Milunsky, Aubrey and George J. Annas, ed. *Genetics and the Law*, I and II. New York: Plenum Press, 1975 and 1980.

Mitchell, Juliet. "Women: The Longest Revolution." *New Left Review*, November-December 1966. Pp. 11–37.

Navarro, Vicente. "The Industrialization of Fetishism or the Fetishism of Industrialization: A Critique of Ivan Illich." *Social Science and Medicine*, 9 (1975), 351–363.

——. "Social Class, Political Power and the State: Their Implications in Medicine." In *Critical Sociology: European Perspectives*. Ed. J. W. Freiberg. New York: Irvington, 1979. Pp. 297–344.

Oakeshott, Michael. *Rationalism in Politics and Other essays*. London: Methuen, 1967.

O'Neill, John. "Critique and Remembrance", In *On Critical Theory*. Ed. John O'Neill. New York: Seabury, 1976. Pp. 1–11.

——. "Defamilization and the Feminization of Law in Early and Late Capitalism." *International Journal of Law and Psychiatry*, 5 (1982), 255–269.

——. "Embodiment and Child Development: A Phenomenological Approach." In *Recent Sociology No. 5: Childhood and Socialization*. Ed. Hans Peter Dreitzel. New York: Macmillan, 1973. Pp. 65–81. Reprinted in *The Sociology of Childhood: Essential Readings*. Ed. Chris Jenks. London: Batsford, 1982. Pp. 76–86.

——. "Lecture visuelle de l'espace urbain." In *Colloque d'esthetique appliquée à la création du paysage urbain: Collection presenté par Michel Conan*. Paris: Copedith, 1975. Pp. 235–247.

——. "Looking into the Media: Revelation and Subversion." In *Communication Philosophy and the Technological Age*. Ed. Michael J. Hyde. University: University of Alabama Press, 1982. Pp. 73–97.

——. *Making Sense Together: An Introduction to Wild Sociology*. New York: Harper & Row, 1974.

——. "On Simmel's 'Sociological Apriorities.'" *Phenomenological Sociology: Issues and Applications*. Ed. George Psathas. New York: Wiley, 1973. Pp. 91–106.

——. *Perception, Expression and History*. Evanston: Northwestern University Press, 1970.

——. *Sociology as a Skin Trade, Essays towards a Reflexive Sociology*. New York: Harper & Row, 1972.

——. "Time's Body: Vico on the Love of Language and Institution." In *Giambattista Vico's Science of Humanity*. Ed. Giorgio Tagliacozza and Donald Phillip Verene. Baltimore: Johns Hopkins University Press, 1976. Pp. 333–339.

Packard, Vance. *The Status Seekers*. New York: 1959.

Rank, Otto. *Art and Artist: Creative Urge and Personality Development*. Tr. Charles Francis Atkinson. New York: Agathon Press, 1968.

Rieff, Philip. *The Triumph of the Therapeutic: Uses of Faith after Freud*. London: Chatto & Windus, 1966.

Robinson, John A. T. *The Body: A Study in Pauline Theology*. London: SCM Press, 1952.

Rossi, Alice. S. "Maternalism, Sexuality and the New Feminism." In *Contemporary Sexual Behaviour: Critical Issues in the 1970's*. Ed. Joseph Zubin and John Money. Baltimore: Johns Hopkins University Press, 1973.

Sahlins, Marshall, "Cannibalism: An Exchange." *The New York Review of Books*, March 22, 1979. Pp. 45–47.

——. *Culture and Practical Reason*. Chicago: University of Chicago Press, 1976.

——. "Culture as Protein and Profit." *The New York Review of Books*, November 23, 1978. Pp. 45–53.

Sennett, Richard, and Jonathan Cobb. *The Hidden Injuries of Class*. New York: Vintage, 1973.

Sheridan, Alan. *Michel Foucault: The Will to Truth*. London: Tavistock, 1980.

Soler, Jean. "The Dietary Prohibitions of the Hebrews," *The New York Review of Books*, June 14, 1979. Pp. 24–30.

Tambiah, S. J. "Animals Are Good to Think and Good to Prohibit." *Ethnology*, 8 (October 1969), 424–459.

Taviss, Irene, "Problems in the Social Control of Biomedical Science and Technology." In *Human Aspects of Biomedical Innovation*. Ed. Everett Mendelsohn, Judith P. Swazey, and Irene Taviss. Cambridge: Harvard University Press, 1971. Pp. 3–45.

Titmuss, Richard M. *The Gift Relationship: From Human Blood to Social Policy*. New York: Vintage, 1971.

Trilling, Lionel. *The Liberal Imagination: Essays on Literature and Society*. New York: Viking, 1950.

Turner, Victor. *Dramas, Fields, and Metaphors: Symbolic Action in Human Society*. Ithaca: Cornell University Press, 1974.

——. "The Word of the Dogon." *Social Science Information*, 7 (1968), 55–61.

Veblen, Thorstein. *The Theory of the Leisure Class*. London: Allen & Unwin, 1925.

The New Science of Giambattista Vico. Tr. from the third edition by Thomas Goddard Bergin and Max Harold Fisch. Ithaca: Cornell University Press, 1970.

Wilson, Elizabeth. *Women and the Welfare State*. London: Tavistock, 1977.

Wolstenholme, G.E.W. "An Old Established Procedure: The Development of Blood Transfusion." In *Ethics in Medical Progress, with Special Reference to Transplantation*. Ed. G.E.W. Wolstenholme and Maeve O'Connor. London: J. and A. Churchill, 1966. Pp. 24–42.

Work in America: Report of a Special Task Force to the Secretary of Health, Education, and Welfare. Cambridge: MIT Press, 1973. Pp. 77–79.

譯名對照表

Agrippa,Menenius	阿格里帕,曼內尼亞斯
Alienation	異化
Anthropomorphism	擬人論
Antihumanism	反人道主義
Barkan, Leonard	巴爾肯,萊昂納德
Barhtes, Roland	巴特,羅蘭
Baudrilard, Jean	布希亞,讓
Bioknowledge	生命知識
Biopower	生命力量
Biosociology	生物社會學
Biotechnology	生命技術
Biotext	生理文本
Blake, William	布萊克,威廉
Blood	血液

Commodities	商品
Communicative competence	交往性能力，溝通性能力
Consumer	消費(者)
Cooley, Charles Horton	庫利,查爾斯·霍頓
Corporate culture	群體文化
Corpus Christi	基督異體
Corpus mysticum	基督的神秘身體
Cosmetics	化妝
Defamilization	去家庭化
Discourse	論述
Dogon	道岡
Donzelot, Jacqes	鄧茲洛特,雅克
Dougalas, Mary	道格拉斯,瑪麗
Durkheim, Emile	涂爾幹，愛米爾
Eliade, Mircea	艾利亞德,梅西亞
Elshtain, Jean Bethke	艾爾什坦,珍·貝特克
Etzioni, Amitai	艾特日奧尼,阿米泰
Ewen, Stuart	艾文,斯圖亞特
Fabrega, Horacio	法布里加,霍拉西奧
Fali	法里
Feminism	女性主義

五種身體 Five Bodies

原　　著／John O'neill
主　　編／張家銘
副 主 編／王乾任・徐偉傑
校　　訂／王乾任
譯　　者／張旭春
出 版 者／弘智文化事業有限公司
登 記 證／局版台業字第 6263 號
地　　址／台北市大同區民權西路 118 巷 15 弄 3 號 7 樓
電　　話／（02）2557-5685・0932321711・0921121621
傳　　真／（02）2557-5383
發 行 人／邱一文
書店經銷／旭昇圖書有限公司
地　　址／台北縣中和市中山路 2 段 352 號 2 樓
電　　話／（02）22451480
傳　　真／（02）22451479
製　　版／信利印製有限公司
版　　次／2001 年 8 月初版一刷
定　　價／新台幣 250 元
弘智文化出版品進一步資訊歡迎至網站瀏覽：
http://www.honz-book.com.tw

ISBN 957-0453-36-2

國家圖書館出版品預行編目資料

五種身體 / 約翰·歐尼爾 （John O' Neill）著 ;
　張旭春譯. -- 初版. --
臺北市：弘智文化, 2001[民 90]
　面 ；　公分
　參考書目：面
　譯自：Five bodies：the human shape of
　　　　　modern society
　ISBN 957-0453-36-2(平裝)

1.社會意識

541.14　　　　　　　　　　　　　90012235

弘智文化價目表

弘智文化出版品進一步資訊歡迎至網站瀏覽：honz-book.com.tw

書　名	定價		書　名	定價
社會心理學（第三版）	700		生涯規劃：掙脫人生的三大桎梏	250
教學心理學	600		心靈塑身	200
生涯諮商理論與實務	658		享受退休	150
健康心理學	500		婚姻的轉捩點	150
金錢心理學	500		協助過動兒	150
平衡演出	500		經營第二春	120
追求未來與過去	550		積極人生十撇步	120
夢想的殿堂	400		賭徒的救生圈	150
心理學：適應環境的心靈	700			
兒童發展	出版中		生產與作業管理（精簡版）	600
為孩子做正確的決定	300		生產與作業管理（上）	500
認知心理學	出版中		生產與作業管理（下）	600
照護心理學	390		管理概論：全面品質管理取向	650
老化與心理健康	390		組織行為管理學	800
身體意象	250		國際財務管理	650
人際關係	250		新金融工具	出版中
照護年老的雙親	200		新白領階級	350
諮商概論	600		如何創造影響力	350
兒童遊戲治療法	500		財務管理	出版中
認知治療法概論	500		財務資產評價的數量方法一百問	290
家族治療法概論	出版中		策略管理	390
婚姻治療法	350		策略管理個案集	390
教師的諮商技巧	200		服務管理	400
醫師的諮商技巧	出版中		全球化與企業實務	900
社工實務的諮商技巧	200		國際管理	700
安寧照護的諮商技巧	200		策略性人力資源管理	出版中
			人力資源策略	390

弘智文化出版品進一步資訊歡迎至網站瀏覽：honz-book.com.tw

書 名	定 價	書 名	定 價
管理品質與人力資源	290	社會學：全球性的觀點	650
行動學習法	350	紀登斯的社會學	出版中
全球的金融市場	500	全球化	300
公司治理	350	五種身體	250
人因工程的應用	出版中	認識迪士尼	320
策略性行銷（行銷策略）	400	社會的麥當勞化	350
行銷管理全球觀	600	網際網路與社會	320
服務業的行銷與管理	650	立法者與詮釋者	290
餐旅服務業與觀光行銷	690	國際企業與社會	250
餐飲服務	590	恐怖主義文化	300
旅遊與觀光概論	600	文化人類學	650
休閒與遊憩概論	600	文化基因論	出版中
不確定情況下的決策	390	社會人類學	390
資料分析、迴歸、與預測	350	血拼經驗	350
確定情況下的下決策	390	消費文化與現代性	350
風險管理	400	肥皂劇	350
專案管理師	350	全球化與反全球化	250
顧客調查的觀念與技術	450	身體權力學	320
品質的最新思潮	450		
全球化物流管理	出版中	教育哲學	400
製造策略	出版中	特殊兒童教學法	300
國際通用的行銷量表	出版中	如何拿博士學位	220
組織行為管理學	800	如何寫評論文章	250
許長田著「行銷超限戰」	300	實務社群	出版中
許長田著「企業應變力」	300	現實主義與國際關係	300
許長田著「不做總統，就做廣告企劃」	300	人權與國際關係	300
許長田著「全民拼經濟」	450	國家與國際關係	300
許長田著「國際行銷」	580		
許長田著「策略行銷管理」	680	統計學	400

書　名	定　價		書　名	定　價
類別與受限依變項的迴歸統計模式	400		政策研究方法論	200
機率的樂趣	300		焦點團體	250
			個案研究	300
策略的賽局	550		醫療保健研究法	250
計量經濟學	出版中		解釋性互動論	250
經濟學的伊索寓言	出版中		事件史分析	250
			次級資料研究法	220
電路學（上）	400		企業研究法	出版中
新興的資訊科技	450		抽樣實務	出版中
電路學（下）	350		十年健保回顧	250
電腦網路與網際網路	290			
應用性社會研究的倫理與價值	220		書僮文化價目表	
社會研究的後設分析程序	250			
量表的發展	200		台灣五十年來的五十本好書	220
改進調查問題：設計與評估	300		２００２年好書推薦	250
標準化的調查訪問	220		書海拾貝	220
研究文獻之回顧與整合	250		替你讀經典：社會人文篇	250
參與觀察法	200		替你讀經典：讀書心得與寫作範例篇	230
調查研究方法	250			
電話調查方法	320		生命魔法書	220
郵寄問卷調查	250		賽加的魔幻世界	250
生產力之衡量	200			
民族誌學	250			